Beiträge zur Geschichte der deutschen Strafrechtspflege

Herausgegeben von

Dr. Max Grünhut und Dr. Eberhard Schmidt
Professor in Bonn Professor in Kiel

Heft 2

Reinhard Höhn

Die Stellung des Strafrichters in den Gesetzen der französischen Revolutionszeit (1791—1810)

Berlin und Leipzig 1929

Walter de Gruyter & Co.

vormals G. J. Göschen'sche Verlagshandlung — J. Guttentag, Verlagsbuchhandlung
Georg Reimer — Karl J. Trübner — Veit & Comp.

Die Stellung des Strafrichters in den Gesetzen der französischen Revolutionszeit (1791–1810)

Von

Reinhard Höhn

Berlin und Leipzig 1929.

Walter de Gruyter & Co.

vormals G. J. Göschen'sche Verlagshandlung — J. Guttentag, Verlagsbuchhandlung
Georg Reimer — Karl J. Trübner — Veit & Comp.

Das Thüringische Ministerium für Volksbildung hat mir die Drucklegung dieser Arbeit ermöglicht. Für seine Unterstützung spreche ich meinen aufrichtigsten Dank aus.

Reinhard Höhn

Meinem sehr verehrten Lehrer,

Herrn

Universitätsprofessor Dr. Max Grünhut

in herzlicher Dankbarkeit

Einleitung der Herausgeber.

Die neue Schriftenreihe verdankt ihre Entstehung der gemeinsamen Überzeugung der beiden Herausgeber und ihrer Mitarbeiter, daß auf dem Gebiete der Strafrechtsgeschichte eine Fülle wichtiger und neuer Aufgaben der Bearbeitung harren. Wenn dabei, dem Titel des Ganzen entsprechend, vorwiegend an eine Geschichte der deutschen Strafrechtspflege gedacht ist, so setzen sich damit unsere Arbeiten in mehrfacher Hinsicht ihre besonderen Ziele. Sie erstreben einmal eine einheitliche Gesamterfassung der Geschichte der Strafrechtsnorm, des Gerichtswesens und Verfahrensrechtes und des Vollzuges, nicht nur in seinen rechtlichen Formen, sondern in seiner tatsächlichen Durchführung. Sie versuchen in gleicher Weise den inneren Zusammenhang zwischen der Fortbildung des Rechtes und der Wandlung der wissenschaftlichen Gedanken über das Strafrecht deutlich zu machen. So sehr der Historiker sich hüten muß, um der verlockenden Harmonie willen voreilig geistige Zusammenhänge festzustellen, — gerade im Strafrecht müssen wir noch an vielen Punkten eine unhistorische Isolierung lebensvoller Zusammenhänge überwinden! Dabei soll der Blick über das rein Rechtliche hinaus auf die Wirkungen gelenkt werden, welche die Strafrechtspflege im sozialen Leben unseres Volkes ausgeübt hat. Soweit das gelingt, haben solche Untersuchungen ihren Wert als ein Stück deutscher Sozial- und Kulturgeschichte. Dem Juristen sind sie ein lehrreiches Anschauungsmaterial von eigentümlich gegensätzlicher Wirkung. Sie enthüllen die Geschichte der Strafrechtspflege — nach einem Wort von Adolf Wach — als ein »ergreifendes Dokument menschlichen Irrens im Suchen nach Wahrheit und Gerechtigkeit« und erfüllen uns doch nicht selten mit aufrichtiger Bewunderung für die Fülle tiefer menschlicher und richterlicher Erfahrung, welche oft genug hinter den uns unverständlichen Rechtsformen der Vergangenheit hervorleuchtet.

Alle derartigen Bemühungen sind dem Kriminalisten in besonderem Maße erschwert. Die notwendige Starrheit der begrifflichen Abstraktion im gegenwärtigen Strafrecht wird unversehens zum dogmatischen Vorurteil, mit dem man an die Geschichte herangeht. Der Schulenstreit wird für die Rechtsgeschichte zum Verhängnis, wo er bewußt oder unbewußt dazu verführt, nach historischen Beweisen zu suchen. Unrichtig ist schon die Überschätzung und Isolierung des materiellen Strafrechts, wie es uns seit der Aufklärung und den ihr folgenden Kodifikationen zur Selbstverständlichkeit geworden ist. Für historische Untersuchungen ist das ebensowenig der gegebene Ausgangspunkt wie für grundsätzliche rechtspolitische Betrachtungen. Zu vermeiden ist die in ihrer Übertreibung falsche Fragestellung nach dem Ursprung und der Entwicklung oder der mehr oder minder vollkommenen Ausbildung bestimmter, für unser heutiges strafrechtliches Denken typischer Begriffe. Wenn wir heute in der Verbrechenslehre von einer Dreiteilung in Handlung, Rechtswidrigkeit und Schuld ausgehen, so ist es zum mindesten eine Frage, ob das Recht und die Rechtswissenschaft zu allen Zeiten Verbrechenselemente in diesem differenzierten Sinn kannten oder etwa lediglich nach den — materiell und verfahrensrechtlich ineinandergehenden — Voraussetzungen dieser oder jener Strafe fragten.

Diese methodischen Gesichtspunkte erheben keinen Anspruch auf Originalität. Sie liegen bewußt oder unbewußt allen großen rechtshistorischen Arbeiten zugrunde. Nur haben sie sich im Strafrecht, namentlich für die Geschichte der Zeit nach der Carolina, über die beachtenswerten Ansätze der früheren Generation hinaus noch nicht genügend ausgewirkt. Die Herausgeber wollen daher mit dieser Sammlung einen neuen Anstoß zu Arbeiten auf diesem Gebiete geben. Sie haben es sich insbesondere zur Aufgabe gemacht, im Kreise ihrer Schüler die Freude an strafrechtshistorischen Studien zu wecken und aus ihnen für eine bestimmte Anzahl von Einzelfragen eine Reihe von Mitarbeitern zu gewinnen, die alle in der charakterisierten methodischen Einstellung ihre gemeinsame Grundlage haben. Auch vom pädagogischen Standpunkt erscheint es ratsam, den wissenschaftlich befähigten Anfänger vor eine historische Aufgabe zu stellen, so wie einer unserer ersten Kenner der deutschen Rechtsgeschichte, Rudolf Hübner, in einer rechtsgeschichtlichen Arbeit »einen oft sehr zweckentsprechenden Beginn der gelehrten Laufbahn« sieht.

So wollen die folgenden Einzeldarstellungen dem großen Bilde der deutschen Strafrechtsgeschichte neue Mosaiksteine einfügen. In diesem Ziel liegt ihre Rechtfertigung und ihre Grenze. Soweit der Ausschnitt im einzelnen territorial begrenzt ist, soll nicht aus der Kenntnis der Gesamtentwicklung das vorhandene Material zu einer

Lokalgeschichte ergänzt werden. Vielmehr gilt es umgekehrt, zu untersuchen, was sich aus lokal begrenztem und darum in seinen Einzelheiten übersehbarem Material an typischen Erscheinungen der Gesamtentwicklung erweisen läßt. Wenn es gelingt, in einer Reihe von Jahren hier eine Anzahl von solchen Einzelstudien zusammenzutragen, dann wird der Augenblick gekommen sein, wo eine Geschichte der deutschen Strafrechtspflege seit der Carolina neu geschrieben werden kann. Zu dieser entscheidenden Aufgabe wollen unsere Beiträge eine bescheidene Vorarbeit leisten.

Zur Drucklegung der ersten beiden Hefte hat das Thüringische Ministerium für Volksbildung den Verfassern einen Beitrag zu den Druckkosten bewilligt. Die Herausgeber sprechen auch an dieser Stelle für diese hochherzige Unterstützung ihren aufrichtigen Dank aus.

Bonn und Hamburg, Juni 1929.

Max Grünhut. Eberhard Schmidt.

Vorwort.

Der Entwurf eines Allgemeinen Deutschen Strafgesetzbuches hat in der Gegenwart erneut einen lebhaften Streit über die Stellung des Richters herbeigeführt. Auf der einen Seite wird Beschränkung des Richters in der Auswahl und im Ausmaß der Rechtsfolgen gefordert und starke Kritik an dem Entwurf geübt, auf der anderen Seite werden die Tatbestände des Gesetzes einer genauen Prüfung unterzogen. Es stehen denjenigen, die sich mit ausfüllungsbedürftigen Wertformeln begnügen wollen, scharf die Gegner gegenüber, die eine genaue Abgrenzung des erlaubten vom verbotenen Tun fordern. Der alte Kampf um die Rechtssicherheit beginnt von neuem.

Er wurde zum erstenmal mit einer ungeheuren Kraft und Begeisterung in der Zeit der französischen Revolution geführt. Mit ihm soll sich diese Arbeit beschäftigen.

Inhaltsverzeichnis.

Literaturverzeichnis.

Adickes, Franz: Stellung und Tätigkeit des Richters, 1906.

— Grundlinien durchgreifender Justizreform, 1906.

Andréadès: Les peines alternatives ou parallèles, Paris 1899, Thèse.

Arnold: Die Ohnmacht der Todesstrafe. Gerichtssaal 1858. S. 455—466.

Angleys, Albert: Des Garanties contre l'arbitraire du pouvoir avocat à la cour législative par l'intervention de l'autorité d'appel judiciaire. Thèse. Chambery 1910.

Archives Parlementaires (Arch. parl.) 1re série de 1787 à 1799, Paris 1888.

v. Bar: Geschichte des deutschen Strafrechts und der Strafrechtstheorien, Berlin 1882.

Beccaria: Über Verbrechen und Strafen; in Übers. von Esselborn, Leipzig 1905.

Bentham: Bentham-Works, herausgeg. von John Bowring, Edinburgh 1843, II. Bd., S. 325.

Berard, M.: Essai historique sur la séparation de l'Église et de l'État pendant la Revolution. Thèse. Paris 1905.

Bérenger, M.: De la Justice criminelle en France, Paris 1818.

Berriat-Saint-Prix, Ch.: Des tribunaux et de la procédure du grand criminel au XVIIIe siècle jusqu'en 1789 avec des recherches sur la question ou torture, Paris 1859.

Bertauld: Cours de Droit pénal, Paris 1854.

Besseler: Kommentar über das Strafgesetzbuch von 1851, Leipzig 1851.

Beudant: De l'indication de la loi pénale dans la discussion devant le jury, Paris 1861.

Bewer, J. Paul: Geschichte der französischen Gerichtsverfassung vom Ursprung der fränkischen Monarchie bis zu unserer Zeit. I. Teil, Düsseldorf 1835.

Bexon: Application de la Théorie de la Législation pénale au Code sur la sûreté, publique et particulière, fondé sur les règles de la morale universelle, sur le droit des gens ou primitif des sociétés et sur leur droit particulier, rédigé pour les États de Sa Majesté le roi de Barrière, Paris 1807.

Bexon, Scipion: Parallèle du Code pénal d'Angleterre avec les lois pénales françaises, et considérations sur les moyens de les rendre plus efficaces, Paris, An VIII.

Birkmeyer: Teilnahme am Verbrechen. In: VD. Allg. T. II.

Biener, F. A.: Das englische Geschworenengericht, 3 Bde., Leipzig 1852—1853.

Blanche: Études pratiques sur le Code pénal, Paris 1888.

Bleich: Verhandlungen des im Jahre 1848 zusammenberufenen vereinigten ständischen Ausschusses. 4 Bde., Berlin 1848.

Boggero, Jules: De l'Évolution du Rôle social de la peine et juge suppléant au tribunal Civil de Draguignan de ses conséquences législatives, Marseille, 1905. Thèse.

Boitard: Leçon de droit criminel, 12 édit., Paris 1880. Thèse.

Boitard: Leçons sur les Codes pénals et d'instruction criminelle, publiées par G. de Linage, 5 édit., Paris 1851.

Boun, M. J.: Die Krisis der europäischen Demokratie, Karlsruhe 1925.

Boucly, Robert: De l'influence réciproque du Législateur et du Juge dans l'application des peines, Rennes 1904. Thèse.

Bouger d'Argis: Observations sur les lois criminelles en France, Amsterdam 1782.

Bougon, André: De la participation du Jury à l'application de la peine, Paris 1900. Thèse.

Bourguignon: Jurisprudence des Codes criminels, Paris 1825.

Bouteiller: Somme rural. Revu et corrigé par Charrondas le Caron, Paris 1611.

Brunschwvicg, Léon: La modalité du Jugement, Paris 1897. Thèse.

Buchez, B. u. Rou, P.: Histoire parlementaire de la révolution française, Paris 1834.

Bulletin des Lois: table alphabétique des lois, rapports et adresses.

Calker, Fritz van: Hochverrat und Landesverrat. In: VD. Bes. T. I, Berlin 1906.

Carnot: Commentaire sur le Code pénal, Paris 1823.

— Commentaire du Code d'instruction criminelle, 1846.

Chaffant, Léon: Étude sur le Fondement du droit de punir, Marseille 1907. Thèse.

Champion, E.: La France d'après les cahiers de 1789, Paris 1897.

Charropin, Henry: De la Participation du Jury à l'application de la peine. Thèse. Poitiers 1909.

Chasson: Les délits de la parole et de la presse, Paris 1845.

Chonchez, M.: De la réhabilitation des condamnés en matière criminelle, correctionelle et disciplinaire. Thèse. Paris 1898.

Clauss, Charles: Le Jury sous le consulat et le premier empire, Paris 1905. Thèse.

Collard: Système des circonstances atténuantes, Paris 1840.

Le Comte, Fernand: Des complots et attentats, Paris 1901.

Courtois du Manoir: L'interprétation des lois par le législateur et le principe de la séparation des pouvoirs législatif et judiciaire, Paris 1909. Thèse.

Cuche, P.: Traité de science et de législation pénétentiaire, Paris 1905.

Dalloz: Répertoire de législation, de doctrine et de jurisprudence Nr. 32, Nr. 37, Nr. 39.

— Code pénal annoté, Paris 1871.

Danz, Erich: Auslegung der Rechtsgeschäfte, 3. Aufl., Jena 1911.

— Laienverstand und Rechtsprechung, 1898.

— Rechtsprechung nach der Volksanschauung und nach dem Gesetz, 1908.

— Deutsche Juristenzeitung 1911, 565.

Descharmes, Réné: L'information préparatoire et le Jury d'Accusation de 1798 à 1808, Paris 1907. Thèse.

Desjardins, Albert: Les cahiers des États-Généraux en 1789 et la législation criminelle. In — 8, Paris 1883.
Destriveaux: Essai sur le Code pénal, Liége 1818.
Desguerrois: Étude sur la complicité, Montpellier 1887. Thèse.
Detourbet, Robert: L'espionnage et la trahison, Paris 1897. Thèse.
Dohna, Graf zu: Der neuste Strafgesetzentwurf im Lichte des richtigen Rechts. In der Festschrift für Stammler, Berlin, Leipzig 1926.
Duargier, J. B.: Collection complète des Lois, Décrets, Ordonnances, Réglements et Avis du Conseil d'État (de 1788—1824), Paris 1840.
Duden: Der preußische Entwurf einer neuen Strafgesetzgebung und sein Verhalten zum Rheinlande, Bonn 1843.
Du Boys: Histoire du droit criminel de la France depuis le XVIe siècle jusqu'au XIXe, Paris 1821.
Dupin, M.: Observations sur plusieurs points importants de notre législation criminelle, Paris 1821.
Duret, Jean: Traité des peines et amendes, Lyon 1573.
Duros, Henri: Le jury civil, le jury correctionnel, le jury d'accusation, Paris 1887.
Düringer: Richter und Rechtsprechung, 1909.
Esmein, A.: Histoire de la procédure criminelle en France, Paris 1882.
Esnauld, Albert: Du Rôle du Législateur dans la Fixation de la peine, Paris 1900. Thèse.
Exner, Franz: Zur Praxis der Strafzumessung. In MSchrKrimPsych. 17.
d'Estang, Bastard: Les parlements de France, Paris 1857.
Feuerbach, A. v.: Betrachtungen über Dolus und Culpa überhaupt und den Dolus indirectus insbesondere. Bibliothek für d. peinl. Rechtswissenschaft und Gesetzeskunde, II. Bd., 1. Stück, S. 193 ff.
Feuerbach: Lehrbuch des allgemeinen in Deutschland gültigen peinlichen Rechts. Herausg. v. C. J. A. Mittermaier, 12. Aufl., 1836, 13. Aufl. 1840; 14. Aufl. 1847.
— Kritik des Kleinschrodschen Entwurfs zu einem peinlichen Gesetzbuch für die kurpfalzbayrischen Staaten. Teil I—III Gießen 1804. Auch erschienen als Bd. II, 2 u. 3, und III der Bibliothek für die peinliche Rechtswissenschaft u. Gesetzeskunde.
— Betrachtungen über das Geschworenengericht, Landshut 1813.
— Erklärungen des Präsidenten v. Feuerbach über seine angebl. geänderte Überzeugung in Ansehung der Geschworenengerichte. Aus dem Rhein. Mercur besonders abgedruckt, Jena 1819.
Ferri, Enrico: Das Verbrechen als soziale Erscheinung. Deutsche Ausgabe von H. Kurella, Leipzig 1896.
Frank, Reinhard: Die Wolfsche Strafrechtsphilosophie und ihr Verhältnis zur kriminalpolit. Aufklärung des XVIII. Jahrhunderts, Göttingen 1887.
— Vollendung und Versuch. In VD, Allg. T. V. Bd., Berlin 1908.
Frey, L., Das Geschworenengericht aus histor., straf- und staatsrechtlichen Gesichtspunkten betrachtet, Bern 1835.
Garçon: Code pénal annoté, Paris 1901—1904.
Garraud, R.: Traité théorique et pratique de droit pénal français, 8 vol., 1898.
Garraud, G.: Traité théorique et pratique d'instruction criminelle et de procédure pénale, 1912, Bd. 1—3.
— Précis de droit criminel, 1 vol. in 8° édit. 1904.

Gerhard, C.: Kants Lehre von der Freiheit. Philosophische Monatshefte, Bd. XXII, 1886, S. 1 ff.

Gerland: Die englische Gerichtsverfassung 1910.

— Der Entwurf 1925. Allgem. Teil, krit. Bemerkungen, Berlin und Leipzig 1925.

Geib, G.: Die Reform des deutschen Rechtslebens, Leipzig 1848.

Gineste, Fernand: Essai sur l'Histoire et l'organisation du Jury criminel, Castres 1896. Thèse.

Globig, E. v. u. Huster, G.: Abhandlung von der Kriminalgesetzgebung, Zürich 1783.

v. Golbery: Über die sogenannte Allmacht des Geschworenengerichts in Frankreich. Zeitschrift f. Rechtswissenschaft III.

Goltdammers Archiv für preuß. Strafrecht. Tat- u. Rechtsfrage in der Fragestellung, insbes. über die Notwendigkeit der Auflösung von Rechtsbegriffen, Bd. III, S. 181 ff.

— Archiv für preuß. Strafrecht 48, S. 74.

Grünhut, Max: Begriffsbildung und Rechtsanwendung im Strafrecht. Sammlg. Recht und Staat in Geschichte und Gegenwart, Bd. 41, Tübingen 1926.

— Anselm v. Feuerbach und das Problem der strafrechtl. Zurechnung. Schriften zur gesamt. Strafrechtswissensch., Hamburg 1922.

— Die Stellung des Richters im künftigen deutschen Strafrecht. MSchr.Krim. StRef. 18, 13 ff.

Günther, L.: Die Idee der Widervergeltung in der Geschichte und Philosophie d. Strafrechts, Erlangen 1895.

— Die Strafrechtsreform im Aufklärungszeitalter. Arch. f. Krim., Bd. 28, 1927, S. 112 ff., S. 225 ff.

— Tomaso Natale, Marchese di Monterresato. Ein in Deutschland vergessener Vorläufer Beccarias. Goltd. Arch. 48, 1 ff.

— Französische Revolutionäre als Kriminalpolitiker u. Gegner d. Todesstrafe. Frankfurter Zeitung Jahrg. 64, Nr. 809 (1. Morgenblatt v. 29. 10. 1919).

Halton, W. Herbert: Étude sur la procédure criminelle en Angleterre et en France, Paris 1898. Thèse.

Haus: Principes généraux de droit pénal belge, Paris 1874.

Hälschner, Hugo: Geschichte des Brandenburg-Preußischen Strafrechts, Bonn 1885.

Hedemann: Werden und Wachsen im bürgerl. Recht, 1913.

Helevy, Elie: La révolution et la doctrine de l'utilité, Paris 1900. Thèse.

Hélie, Faustin u. Chauveau, Adolphe: Théorie du Code pénal, Paris 1888, Bd. 1—6.

Heller, Hermann: Die politischen Ideenkreise der Gegenwart, Breslau 1926.

Hertz: Voltaire und die franz. Strafrechtspflege im 18. Jahrhundert, Stuttgart 1887.

Hegel: Grundlinien der Philosophie des Rechts, Berlin 1821, § 215.

Hippel, Robert v.: Deutsches Strafrecht, Bd. 1, Berlin 1925.

Hiver, M.: Histoire critique des institutions judiciaires de la France de 1789 à 1848, Paris 1851.

Hoepener, J.: Über den Anklageprozeß und das Geschworenengericht, Hamburg 1844.

Hudtwalker, M. H.: Gedanken über die Einführung von Geschworenengerichten in Kriminalsachen in Hamburg, Hamburg 1848.

Humbert, Victor: Théorie des circonstances atténuantes, Nancy 1900. Thèse.

Husson, Jean: Du Rôle de la Cour, Paris 1908. Thèse. Comparé à celui du Jury en matière criminelle.

Jellinek: Erklärung der Menschen- u. Bürgerrechte. Ein Beitrag zur modernen Verfassungsgeschichte, Leipzig 1895.

Imbert: La pratique judiciaire tant civile que criminelle, Paris 1627.

Jehring, R.: Der Zweck im Recht. 2. Aufl., 2. Bd. 1884—86.

Jousse: Traité de la Justice criminelle de France, Paris 1771.

Jung, Erich: Die logische Geschlossenheit des Rechts, 1900.

— Positives Recht, Gießen 1907.

Kant, Immanuel: Kritik der reinen Vernunft, 1781.

— Beantwortung der Frage: Was ist Aufklärung? 1784.

— Über d. Gemeinspruch: das mag in der Theorie richtig sein, taugt aber nicht für d. Praxis 1793.

Kantorowicz, H.: Die Epochen der Rechtswissenschaft. In: Die Tat VI. Jena 1914/15. S. 345—361.

Kelsen: Hauptprobleme der Staatsrechtslehre, entwickelt aus der Lehre vom Rechtssatz, Tübingen 1911.

Kitzinger: Gemeingefährl. Verbrechen und Vergehen. In: VDB. IX. Bd. Berlin 1906.

— Der gemeingefährliche Vertragsbruch und verwandte Delikte. In: VD. Bes. T., IX. Bd.

— Die strafbare Gefährdung und Verletzung von Menschen, Tieren und Pflanzen durch ansteckende Krankheiten. In: VD. Bes. T., IX. Bd.

Klein, E. F.: Für den Herrn Dr. Feuerbach. Archiv d. Krim. II, 3, S. 123 ff.

Kleinschrod, G. A.: Systematische Entwicklung der Grundbegriffe u. Grundwahrheiten des positiven peinlichen Rechts, Teil 1—3. Erlangen 1793 bis 1794. 2. Aufl. 1799; 3. Aufl. 1805.

Kleinschrod: Abhandlungen aus dem peinl. Recht u. peinl. Prozeß, 3. Bd., Erlangen 1797, 1798, 1805.

— Entwurf eines peinl. Gesetzbuches für die kurpfalzbayrischen Staaten. München 1802.

Kohlrausch, E.: Über deskriptive u. normative Elemente im Vergeltungsprozeß d. Strafrechts. In: Zur Erinnerung an Immanuel Kant. Abhandlungen. Hersg. v. d. Univers. Königsberg. Halle 1904. S. 269 ff.

Köhler, Aug.: Reformfragen des Strafrechts, München 1903.

— Inwiefern ist das richterl. Ermessen im Strafrecht zuzulassen? Gutachten für den 2. dtsch. Juristentag der Tschechoslowakei.

Köstlin: Der Wendepunkt des deutschen Strafverfahrens im 19. Jahrh., Tübingen 1849.

— Die Zukunft des Strafverfahrens in Deutschland. Dtsch. Vierteljahrsschrift. 1840.

Krümel, V.: Beiträge zur zweckmäßigen Einrichtung der Schwurgerichte. Archiv d. Kriminalrechts 1854.

Kuntze, J. E.: Der Wendepunkt der Rechtswissenschaft, Leipzig 1850.

Lablancherie: La Légitime Défense, Bordeaux 1909. Thèse.

De Lacour, Robert,: La résistance aux Actes de l'Autorité Publique, Paris 1905. Thèse.

Lacretelle (aîné): Discours sur le préjuge des peines infamantes, suivi de

Réflexions sur les écrivains qui ont traité de la législation pénale et devues sur la réforme des lois criminelles.. In: 8, Paris 1784.

Landsberg: Publikationen der Gesellschaft für rheinische Geschichtskunde. Bd. 31. Bonn 1914. Die Gutachten der Rheinischen Immediat-Justiz-Commission u. der Kampf um die rheinische Rechts- u. Gerichtsverfassung.

Laverdy: Code pénal ou recueil des principales Ordonnances, Édits et Déclarations sur les crimes et délits. Paris 1752.

Legrand: De la Préméditation, Paris 1898.

Lemasson: De l'attentat et du complot, Paris 1901.

Lenz: Die Aufgabe des Richters nach dem österreich. Vorentwurf, Wien 1910.

Letrosne: Vue sur la justice criminelle, Paris 1777.

Lilienthal, Karl v.: Jugendliches Alter. In: VD. Allg. T., V. Bd., Berlin 1908.

Lilienthal u. Wolfgang Mittermaier: C. J. A. Mittermaier als Gelehrter und Persönlichkeit. ZStW. *44*, 43.

Lippmann: Historisch-dramatische Darstellung der Lehre von der richterl. Strafänderungsbefugnis, Münchener Preisschrift 1863.

Locré: La législation civile, commerciale et criminelle de la France, Paris 1827.

Loiseleur, Jules: Les crimes et les peines dans l'antiquité et dans les temps modernes. Étude historique, Paris 1863.

Lucas, Ch.: Recueil des débats des Assemblées législatives de la France sur la question de la peine de mort, Paris 1831.

Marcaggi, Vincent: Les origines de la déclaration des droits de l'homme de 1789, Paris 1904. Thèse.

Marchand: De l'État de Nécessité, Paris 1902. Thèse.

Margier, E.: Essai sur l'organisation du pouvoir judiciaire à Rome, dans l'ancienne constitution française et d'après le droit constitutionnel moderne, Toulouse 1885.

Maury: La législation criminelle sous l'ancien regime. Revue des Deux-Mondes, 1877 du 15 sept., p. 274, 1er oct., p. 582.

Mayer, Ernst: Der Widerstand gegen Amtshandlungen. In: VD. Bes. T. I, Berlin 1906.

v. Meier, E.: Französischer Einfluß auf die Staats- u. Rechtsentwicklung Preußens im 19. Jahrh., Bd. II, Leipzig 1908.

Mercier, René: Du vice de complexité dans les questions posées au Jury, Paris 1905. Thèse.

Merlin: Répertoire universel et raisonné de Jurisprudence. 36 vol., Bruxelles 1825.

Mezger: »Vom Sinn der strafrechtl. Tatbestände« in der Festschrift für Ludwig Träger, Berlin 1926.

Meyer: Esprit des institutions judiciaires de l'Europe, 1823.

Meyer, Hugo: Tat- u. Rechtsfrage im Geschworenengericht, insbes. in der Fragestellung der Geschworenen, Berlin 1860.

Michelet: Histoire de la Révolution française, Paris 1897/98.

Mitteilungen der Internationalen Kriminalist. Vereinigung. Neue Folge 2. Bd. 21. Tagung der dtsch. Landesgruppe zu Bonn v. 9. —11. Sept. 1926, Berlin u. Leipzig 1927.

Mittermaier, C. J. A.: Das Volksgericht in Gestalt der Schwur- und Schöffengerichte. Samml. gemeinverständl. Vorträge, Bd. I, Berlin 1866.

Mittermaier, C. J. A.: Blicke auf den Zustand d. Ausbild. d. Kriminalrechts in Frankreich. Zeitschrift f. Rechtswissensch. III.
— Über den gegenwärtg. Zustand der Strafgesetzgebg., die Gebrechen derselben und die Gesichtspunkte ihrer Verbesserg. Arch. d. Krim.-Rechts 1847.
— Über die Grundfehler der Behandl. des Kriminalrechts in Lehr- u. Strafgesetzbüchern, Bonn 1819.
— Beiträge zur Lehre vom Versuch der Verbrechen. Neues Archiv d. Krim.-Rechts I.
— Neues Archiv d. Kriminalrechts II, S. 602 ff.
— Neues Archiv d. Kriminalrechts III, 1820, S. 394.
Mittermaier, Wolfgang: Über Wesen und Maß der Schuld nach dem Strafgesetzbuchentwurf 1925. In: MSchrKrimPsych. 17. Jahrg., Heidelberg 1926.
Montesquieu: De l'Esprit des Lois. 1759.
Montaigne: Essais, liv. II.
L'Ancien Moniteur, Jahrgang 1789—1793.
Moriaud: Du délit nécessaire et de l'état de nécessité, Paris 1889.
Mouton: Les lois pénales de la France, Paris 1868.
Muyart de Vouglans: Institutes du droit criminel, Paris 1711.
— Réfutation des principes hasardés dans les traités des délits et des peines, Paris 1767.
— Les lois criminelles de la France dans leur ordre naturel, Paris 1780.
Neumeyer: Gefährliche Bauführung. In: VD. Bes. T. IX. Bd.
Nypels: Le Code pénal belge interprêté. Bruxelles 1867.
Observations des Tribunaux Criminels sur le Projet Criminel, Paris an XIII.
Oertmann: Gesetzeszwang u. Richterfreiheit, 1909.
Oetker: Notwehr und Notstand. VD. Allg. T. II.
Ortolan: Eléments de droit pénal. 5° édit. revue par Desjardins, Paris 1886.
— Eléments de droit pénal. 5° édit. 1866.
Overbeck, Alfred, Freiherr von: Das Strafrecht der französischen Enzyklopädie. Ein Beitrag zur Geschichte d. Aufklärung im 18. Jahrh. Freiburger Dissert. Karlsruhe 1902.
Pastoret: Betrachtungen über d. Strafgesetze, Bd. I. Herausgeg. Chr. Daniel Ehrhardt, Leipzig 1792.
— Betrachtungen über d. Strafges. aus d. Französ., Leipzig 1796.
Pathias, Marcel: La Rébellion, Paris 1907. Thèse.
Priaulaud: Du Droit de Légitime Défense, Poitiers 1903. Thèse.
Proust, Louis: De la suppression progressive de la peine de mort, Tours 1907. Thèse.
Prud'homme: Résumé des cahiers, 3 vol. 1789.
Rauter: Traité théorique et pratique de droit criminel français, Paris 1836.
Reichel, Hans: Bestellung und Stellung der Richter in der Schweiz und im künftg. Deutschl., Tübingen 1919.
— Recht und Wirtschaft, 1912.
— Gesetz und Richterspruch, Zürich 1915.
— Zu den Einleitungsartikeln des schweizerischen Zivilgesetzbuchs. In: Festgabe Rudolf Stammler z. 70. Geburtstag. 19. II. 1926. Herausgeg. v. Edgar Tatarin-Tarnheyden. Berlin u. Leipzig 1926.
Remusat, Ch. de: De la procédure par jurés en matière criminelle, Paris 1820.
Remy, Henri: Les principes généraux du Code pénal de 1791, Paris 1910. Thèse.
Rintel, C. G. N.: Beiträge zur Würdigung d. franz. Jury, Münster 1845.

Rocquain: L'esprit révolutionaire avant la révolution. In: — 8, Paris 1878.
Rondonneau: Corps de Droit Français, civil, commercial et criminel, Paris 1810.
Rousseau, Arthur: De la notion de jurisdiction grâcieuse en droit français, Paris 1896. Thèse.
Rousseau de La Combe: Traité des matières criminelles suivant l'Ordonnance d'août 1670, Paris 1732.
Roustan, M.: Les philosophes et la societé française au XVIIIe siècle. Lyon 1906. Thèse.
Roux: Cours de droit pénal. 1920.
Rudhart, J. v.: Über den Entwurf eines Gesetzbuchs in Strafsachen; Herausg. v. G. Hohe, Regensburg 1848.
Sabourin, Albert: De la fixation iudiciaire de la peine, Tours 1906. Thèse.
Saleilles: L'individualisation de la peine, Paris 1898.
Schmidt, Eberhard: Die Kriminalpolitik Preußens unter Friedrich Wilhelm I. und Friedrich II., 1914 (Berliner Seminarabhandlung 3. Folge, I 2).
— Entwicklung und Vollzug der Freiheitsstrafe in Brandenburg-Preußen bis zum Ausgang des 18. Jahrhunderts 1915 (Berliner Sem.-Abhandl. 3. Folge, II, 2).
Schmidt, R.: Die Aufgaben der Strafrechtspflege, Leipzig 1895.
Schmitt, Carl: Politische Romantik, München 1925.
— Die Diktatur, München 1924.
— Unabhängigkeit der Richter, Gleichheit vor dem Gesetz und Gewährleistung des Privateigentums nach der Weimarer Verfassung, Berlin u. Leipzig 1926.
— Die geistesgeschichtliche Lage des heutigen Parlamentarismus, München 1926.
— Gesetz und Urteil, Berlin 1912.
— Verfassungslehre, München u. Leipzig 1928.
Schwinge, Erich: Der Kampf um die Schwurgerichte bis zur Frankfurter Nationalversammlung, Breslau 1926, Strafrechtl. Abhandl. 213.
Seelig, Ernst: Grundsätzliches zur Strafbemessung nach dem Entwurf 1925. In: MSchrKrimPsych. 18. Jahrg. 5. Heft, Heidelberg 1927.
Le Sellyer: Traité de la criminalité, Paris 1874.
Servan: Discours sur l'administration de la justice criminelle, 1766, oeuvres choisies; Paris 1825.
Sieben, Léon: Théorie des circonstances atténuantes, Paris 1885. Thèse.
Siebenpfeifer, P. J.: Über die Frage unserer Zeit in Beziehung auf Gerechtigkeitspflege, Heidelberg 1823.
Sieurac, Fernand: La légitime défense. Toulouse 1896. Thèse.
Sirey: Recueil général des lois et des arrêts en matière civile, criminelle et commerciale et de droit public. 1801, 1802, I, II. ff.
Serrigny: Droit public des Français, Paris 1846.
Soulatges: Traité des crimes, Toulouse 1762.
Stammler, Rudolf: Die Methode der geschichtl. Rechtstheorie, 1866.
— Die Lehre vom richtigen Recht. 1902.
— Theorie der Rechtswissenschaft, 1911.
Stein, L.: Geschichte des französ. Strafrechts u. des Prozesses, Basel 1846.
Stemann, C. v.: Die Jury in Strafsachen, Hamburg 1847.
Tainturier: Le Jury et la loi pénale, 1895.
Tardif, Fernand: De l'atténuation et de l'aggavation des peines, Paris 1873. Thèse.

Stölzel: Brandenburg-Preußens Rechtsverwaltung und Rechtsverfassung. Bd. II, Berlin 1888.
Terral, Jean: De la complicité des crimes et délits non intentionnels, Toulouse 1905. Thèse.
Torqueville, Alexis de: L'ancien régime et la révolution, Paris 1857.
Imbart de La Tour: Des circonstances atténuantes, Nancy 1900. Thèse.
Tittmann, C. A.: Versuch über die wissenschaftl. Behandlg. des peinl. Rechts, Leipzig 1798.
— Grundlinien des Strafrechts u. der deutschen Strafgesetzkunde, Leipzig 1800.
Trébutien: Cour élémentaire de droit criminel, 1878—1883.
v. Ullmann: Die Brandstiftung. In: VD. Bes. T., IX. Bd.
— § 311 RStrGB. und Sprengstoffgesetz, ebenda.
— Überschwemmung, ebenda.
Verhandlungen des 7. Rheinischen Provinziallandtags, Coblenz 1843.
Vierhaus: Über die Methode der Rechtsprechung. 1910.
Villemain: Cours de littérature (tableau VIIIe siècle, 5 vol. in 8, Paris 1838).
Voltaire: Commentaire du Livre des délits et des Peines, 1766.
— Dictionnaire philosophique, 1764.
— Pièces originales pour Calas, 1762.
Wach: Reform der Freiheitsstrafe, Leipzig 1820.
— Legislative Technik. In: VD. Allg. T. VI. Bd. Berlin 1908.
— Die Technik des Vorentwurfs in: Aschrott — v. Liszt: Reform des Reichsstrafgesetzbuches; S. 1 ff., ferner. DJZ. 1910, 9 ff., 108 ff.
Walch, E.: La déclaration des droits de l'homme et du citoyen et l'assemblée constituante, Paris 1903. Thèse.
Weber, Georg: Lehrbuch der Weltgeschichte. Bd. II, Leipzig 1888.
v. Weber, H.: Rechtssicherheit und Tatbestandsbildung in der Strafrechtsreform. Sonderabdruck aus der Prager Jurist. Zeitschrift, wissenschaftl. Vierteljahrsschrift, Heft II, 7. Jahrg.
Windelband: Geschichte und Naturwissenschaft, 3. Aufl. 1907.
Zachariä: Das mündlich-öffentl. Verfahren mit Geschworenen im Königreich Hanover, 1. Heft, Göttingen 1850.
— Beantwortung der Preisfrage: Inwiefern läßt sich eine außerordentl. Strafe... rechtfertigen? Arch. d. Kriminalrechts III, 4.
Zambeaux, Louis: Des attributions du président des assises, de la cour d'assises et du jury. Paris 1887. Thèse.
Zentner, J.: Das Geschworenengericht mit Öffentlichkeit und Mündlichkeit, Freiburg 1830.
Zeiler, A.: Ein Gerichtshof für bindende Gesetzesauslegung, München 1911.
Zitelmann: Die Kunst der Gesetzgebung, Dresden 1904.

Einleitung.

Der Kampf um die Rechtssicherheit gegen die Machtstellung des Richters fällt in Frankreich in die große geistige Bewegung des 18. Jahrhunderts. Während er heute von den Gelehrten und dem Richtertum gemeinsam mit weiten Kreisen des öffentlichen Lebens geführt wird, wurde er in Frankreich vornehmlich von den geistigen Schichten der Nichtrichter ausgefochten, und nur nach und nach schlossen sich einzelne Mitglieder aus dem Richterstand selbst an. Politiker führten so den Kampf um die Rechtssicherheit mit all der Kraft und Begeisterung, die das Ringen um neue Formen als Ausdruck politischen Wollens ihnen verlieh.

Die richterliche Machtstellung beruht auf der Ermessensfreiheit bei der Anwendung der Strafgesetze. Von verschiedenen Gesichtspunkten muß dieses Ermessen betrachtet werden, je nachdem es sich auf das »Ob« oder auf das »Wie« der Bestrafung bezieht [1]).

Es kann dem Richter ein großer Spielraum in der Abgrenzung der strafrechtlichen Tatbestände eingeräumt sein, die Rechtssicherheit des Bürgers über das, was er tun und lassen darf, gerät dann ins Schwanken. Oder aber der Richter kann in der Auswahl der Rechtsfolgen, die sich an einen Tatbestand knüpfen, mehr oder minder freie Hand haben, dann trifft in erster Linie den Kriminellen, aber auch den Bürger, die Außenwelt, diese Ermessensfreiheit vornehmlich mittelbar in ihrer politischen Auswirkung. Unter diesem doppelten Gesichtspunkt: richterliches Ermessen in der Abgrenzung strafrechtlicher Tatbestände und richterliches Ermessen in der Auswahl und im Ausmaß der Rechtsfolgen, werden wir die Stellung des Richters in der französischen Revolutionszeit betrachten. Wir werden dabei das richterliche Ermessen in der Auswahl und im Ausmaß der Rechtsfolgen zuerst behandeln, obwohl nach streng logischen Gesichtspunkten die Prüfung des richterlichen Ermessens in der Abgrenzung strafrechtlicher Tatbestände vorweggehen müßte. Denn die Straffolgen sind das Sichtbare, das schärfer in die Augen fällt, und bei dem die Kritik auch zuerst eingesetzt hat.

---

[1]) Kohlrausch bei Aschrott-Kohlrausch, Reform des Strafrechts 1926, S. 4 ff. Grünhut, Die Stellung des Richters im künftigen deutschen Strafrecht, S. 13.

I. Die Stellung des Strafrichters in der Zeit vor der Revolution.

Die Macht des Strafrichters im vorrevolutionären Frankreich in der Auswahl und im Ausmaß der Strafen war fast unbeschränkt. Man unterschied in der Hauptsache drei Arten von Strafen:

1. gesetzliche (peines légales),
2. nach Gewohnheitsrecht bestehende (peines en usage),
3. willkürliche Strafen (peines arbitraires).

Die peines légales waren durch Gesetze, Edikte und Ordonnanzen [1a]) bestimmt. Zu verschiedenen Zeiten erlassen, so wie man sie gerade brauchte, und ohne daß die eine die andere aufhob, kämpften alte Ordonnanzen mit neuen. An Stelle einer Strafe aus einem festbestimmten Gesetz hatte der Bürger die Auswahl der Strafen aus verschieden harten Gesetzen zu fürchten.

In jedem Augenblick konnte der Richter alte, längst vergessene, aber formell noch zu Recht bestehende, barbarische Gesetze wieder ausgraben und anwenden. Er machte sich dabei keinerlei Rechtsbeugung schuldig [2]).

Erklärte der Richter eine bestimmte Ordonnanz in einem Fall für zutreffend, dann durfte er im allgemeinen nur die hier festgesetzte Strafe anwenden. Jousse [3]), der neben Muyart de Vouglans im 18. Jahrhundert als Autorität galt, sagt:

> »Mais s'il y a une loi précise qui soit établie contre le crime qu'il s'agit de punir, il faut nécessairement s'y conformer.«

Trotzdem ist es gestattet, bei jeder Handlung je nach der Schwere des Verbrechens die Strafe zu vermehren und zu vermindern, wie Recht und Billigkeit es erfordern [4]).

> *»L'Equité doit corriger la loi et nous enseigne à y suppléer et à faire ce que l'auteur de la loi aurait fait lui-même, s'il eût pensé à tous les cas qui peuvent arriver ....«* [5])

»Verdient« ein Verbrechen den Tod, dann darf ihn der Richter verhängen, selbst wenn ihn kein Gesetz androht.

> *»Les juges sont tellement maîtres d'arbitrer la peine suivant l'atrocité du crime qu'il peuvent prononcer la peine de mort, si ce crime est de nature à mériter cette peine, quoiqu'elle n'est pas établie par la loi«* [6]).

1a) Jousse, partie I, titre III, p. 37.

2) Stein, Geschichte des franz. Strafrechts und des Prozesses, S. 608 ff.

3) Jousse, Traité de la justice criminelle de France II, p. 594, No. 172, Abs. 2; vgl. auch Muyart de Vouglans: Institutes du droit criminel p. 32.

4) Garraud, Traité théorique et pratique de droit pénal, I, p. 113; Soulatges, Traité des crimes, p. 184.

5) Jousse, t. 2, part. III, p. 594.

6) ibid., partie III, titre 25, p. 603, loc. cit.

Der Richter ist also allgemein Korrektor der Gesetze und damit im einzelnen Fall zugleich Gesetzgeber.

Jousse bekennt sich denn auch zu dem Ausspruch:

»que les peines sont arbitraires dans le royaume,« [7])

Es ist immer noch derselbe Zustand, den zwei Jahrhunderte vorher Imbert genau so bezeichnet hat [8]).

Der allgemeine Grundsatz, der die Bindung des Richters an das Gesetz bei den »peines légales« ausdrückt, wird von den Schriftstellern des 18. Jahrhunderts wohl anerkannt, gleichzeitig aber die Handhabung der Praxis angegeben, die ihn aufhebt. Eine Stelle von Soulatges [9]) zeigt noch einmal deutlich die Sachlage:

> »Les juges sont obligés de prononcer contre les coupables les peines établies par les lois et les ordonnances, et il ne dépend pas d'eux de ne pas s'en servir, ni d'en inventer de nouvelles; *mais qu'ils peuvent seulement les adoucir ou en augmenter la* rigueur, suivant la nature des crimes et les criconstances du fait. De là vient qu'on dit communément que les peines sont arbitraires en France. .....«

Die Tatbestände der »peines légales« boten ebensowenig Rechtssicherheit. Der Bürger, der vom Gesetz Klarheit verlangt über das, was er tun und lassen darf, hat nicht nur die Auslegung eines Gesetzes zu fürchten, das er kennt, sondern vor allem die Auswahl aus einer Menge von Gesetzen, die er nicht kennt, und die sein Tun plötzlich mit Strafe belegen. Pastoret [10]), einer der besten Köpfe in der 2. Hälfte des 18. Jahrhunderts, schildert den damaligen Zustand mit folgenden Worten:

> »Es gibt keine Meinung, ich möchte fast sagen, keinen eigensinnigen Einfall irgendeines Richters, der nicht in einem förmlichen Gesetz Autorität und Rechtfertigung fände.« [11])

Willkür ist die Regel. Pastoret [12]) bezeichnet sie oft als Glück.

> »Planlose Gesetze werden durch sie auf die Grundlage der Gerechtigkeit zurückgeführt. Oft ist sie das Rettungsmittel des Angeschuldigten, oft das einzige Hilfsmittel des Unglücklichen.«

---

7) Jousse, loc. cit. II, p. 594, No. 117, Abs. 2.

8) Imbert, La pratique judiciaire tant civile que criminelle, Paris 1627; t. 2, p. 511.

9) Soulatges, loc. cit. p. 184.

10) Pastoret, loc. cit. p. 16. Übersetzung.

11) Vgl. auch Pelletier de Saint-Fargeau, Berichterstatter über den Code pénal von 1791, Arch. Parl. A. 26, p. 319.

12) Pastoret, loc. cit. p. 16. Übersetzung.

Hatte der Richter für einen bestimmten Fall eine Ordonnanz oder ein Edikt als in Betracht kommend ausgewählt, dann ließ die Subsumierung der Handlung unter den Tatbestand dieses Gesetzes wiederum seiner Willkür freie Hand; denn die einzelnen Delikte waren kaum oder nur sehr schlecht bestimmt. Bei der Interpretierung nahm man neben älteren französischen auf italienische Kriminalisten Bezug. So findet man bei Jousse [13]) die Meinung von J. Clarus, Farinacius und Millaeus als maßgeblich angeführt.

Am härtesten wirkte sich die Interpretationsmöglichkeit des Richters bei politischen Delikten aus. Im Vordergrund steht das Majestätsverbrechen.

> »Grâce à l'élasticité du crime de lèse-majesté, on arma le pouvoir des châtiments les plus terribles contre ceux qui tenteraient de le combattre, de lui résister.« [14])

Hier setzte dann auch später zuerst die Kritik ein. Aber auch bei den übrigen Deliktstatbeständen ist dem Richter in der Subsumierung freie Hand gelassen. In der Erklärung vom 4. März 1724, Art. 3 heißt es hinsichtlich der Diebstahlsdelikte:

> »Le vol simple est puni du fouet et de la marque sans préjudice de plus grande peine s'il y échéoit suivant l'urgence des cas.«

Der Tatbestand des Vol simple ist nicht definiert. Eine Allgemeindefinition des Diebstahls findet sich auch nicht.

Das Edikt vom März 1609 und die Ordonnance de Commerce von 1673, III. Art. 12 bestrafen den Raub mit dem Tod, ohne eine Definition des Raubes zu geben.

Die Ordonnanz von Orléans spricht vom Wucher und sagt ebenfalls nicht, was sie unter Wucher verstanden haben will.

Ein weites Feld für das richterliche Ermessen bilden die Delikte gegen die Religion und die Sitten. Der Generalbegriff ist das Verbrechen der »göttlichen Majestätsverletzung«. Hierunter versteht man alle Handlungen, die sich direkt oder indirekt gegen die katholische Kirche richten, besonders Häresie, Apostasie, Blasphemie, Zauberei und Magie. Der Tatbestand der einzelnen Delikte ist in keiner Weise bestimmt. Jousse [15]) nimmt noch mehrere Arten von Zauberei in einer Zeit an, in der die Aufklärung überall schon starken Einfluß gewonnen hat. Bis zur zweiten Hälfte des 18. Jahr-

---

[13]) Jousse, loc. cit. t. II, part. III, p. 594, No. 173; p. 597, No. 179; p. 601, No. 187 etc.

[14]) Maury, La législation criminelle sous l'ancien régime. Revue des Deux-Mondes, 1877 du Ier oct., p. 587.

[15]) Jousse, loc. cit., t. III, p. 752.

hunderts wurde so für Delikte gerädert und verbrannt, die auf die willkürlichste Art und Weise ihre Prägung erhielten und den einzelnen schutzlos preisgaben [16]).

Der Richter ist in der Abgrenzung des erlaubten vom verbotenen Tun bei den »peines légales« freier Herr.

Es folgt eine Zusammenstellung von »peines légales«, die keinen Anspruch auf Vollständigkeit erhebt [17]):

1. Les voleurs de grand chemin doivent être punis du supplice de la roue (Ord. de François, janvier 1534).
2. Le crime du rapt est puni de mort (Edit mars 1609. Ord. du Commerce 1673, III, art. 12).
3. Les assassins sont aussi punis de mort, et même la seule machination ou attentat dans cette espèce de crime, quoique l'effet ne soit ensuivi, est punie de la même peine. (Ord. de Blois, art. 195).
4. Il en est de même des empoissonneurs, encore que le crime n'ait pas été consommé (Edit du mois de juillet 1682).
5. Les faux-monnayeurs sont punis de mort (Déclar. 12 dec. 1693 et oct. 1715).
   De même les faux-sauniers (Ord. des Gabelles, mai 1680, titre 17, art. 3).
6. Le péculat (Unterschlagung) est puni de la confiscation des corps et biens. (Décl. 1er mars 1545, art. 1).
7. L'usure est punie de punition corporelle et même de confiscation de corps et biens (Ord. d'Orléans, art. 141, et Blois, art. 202).
8. Les mendiants avec insolence condamnés à 5 ans de galères (Décl. 18 juillet 1724).
   Au cas de port d'armes, de menaces ou de réunion, les mendiants sont condamnés aux galères.
   (Décl. 18 juillet 1724 et 20 oct. 1750).
   Les vagabonds valides à trois ans de galères et les invalides, ainsi que les filles et femmes à trois ans de réclusion. Les peines sont augmentées en cas de récidive. (Décl. 3 août 1764, art. 3 und 5).
9. Le vol domestique est puni de mort. (Décl. 4 mars 1724, art?).
10. Le vol dans les églises (ibid. art. 21).
    Dans la récidive de vol la peine est des galères à temps, ou à perpétuité (Ibid. art. 4).

---

16) Vgl. Beispiele bei: Jousse, loc. cit., t. III, p. 266 ff.; p. 753.

17) Vgl. Andréadés, Les peines alternatives ou parallèles, Paris 1899, p. 36—38.

Pour le vol simple on condamme au fouet ou à la flétrissure (Ibid. art. 3).

Le vol commis par des gens condamnés aux galères est puni de mort (art. 5).

11. Le vol dans les maisons du Roi est aussi puni de mort (Décl. du Roi du 1er novembre 1530, et 11 sept. 1706).

12. Les relaps (die Rückfälligen) sont bannis à perpétuité et leurs biens confisqués (Décl. du 8 mars 1715 et 14 mai 1724, art. 9).

Die nach Gewohnheitsrecht bestehenden Strafen vergrößern die Stellung des Richters bedeutend. Hier sind die Strafen auf den allgemeinen Gebrauch der Gerichte gegründet. Sie werden für bestimmte Verbrechen, für die kein Gesetz besteht, gewohnheitsmäßig gleichmäßig (uniformément) angewandt. Nach Jousse[18]) werden die Vatermörder gewohnheitsmäßig verurteilt, lebendig auf das Rad geflochten zu werden, ihr Daumen wird vorher abgeschnitten. Ebenfalls nach Gewohnheitsrecht wird die Gattenmörderin zum Tod verurteilt, der Daumen ihr abgeschnitten, ihr Körper nach dem Tod verbrannt und die Asche in den Wind gestreut[19]).

Auch für bestimmte kirchliche Delikte bestehen gewohnheitsmäßige Strafen. So wird eine Beleidigung der Heiligen Jungfrau und der Heiligen schon mit dem Feuertod bestraft[20]).

Dasselbe gilt für den Diebstahl der geweihten Hostien und der heiligen Kelche (vases sacrés) unter Schändung derselben (avec profanation[21]).

Strafen, die nur gewohnheitsmäßig feststehen, lassen dem Richter schon an und für sich eine starke Freiheit, die allerdings, wenn die Strafen unter der Kontrolle einer gleichmäßigen obersten Rechtsprechung stehen, abgeschwächt wird. In Frankreich tritt aber wiederum wie bei den »peines légales« ein Moment hinzu, das der Willkür freie Zügel läßt.

Der Richter braucht sich nämlich dem Gewohnheitsrecht nicht unbedingt zu unterwerfen, er kann die Strafe vermehren oder vermindern, wie die Umstände es erfordern (suivant les circonstances[22]). Er muß nur darauf achtgeben,

> »de ne point changer la nature de la peine observée pour chaque crime«[22]).

---

18) Jousse, loc. cit., t. I, p. 58.

19) Jousse, loc. cit., t. II, p. 598.

20) Jousse, loc. cit., t. II, p. 598.

21) Jousse, loc. cit., t. II, p. 599.

22) Jousse, loc. cit., t. II, p. 599.

Damit hat er auch bei den nach Gewohnheitsrecht bestehenden Strafen — Jousse [23]) nennt sie »peines légales fondées sur l'usage des tribunaux« — in der Auswahl und im Ausmaß der Rechtsfolgen volle Freiheit.

Nicht minder groß ist sein Ermessen in der Abgrenzung der strafrechtlichen Tatbestände. Hier gilt im allgemeinen das, was für die Tatbestände bei den »peines légales« gesagt ist.

Am stärksten ist die Macht des Richters bei den »peines arbitraires«. Sie kommen in Betracht für »faits non prévus par la loi et pour lesquelles il n'y a aucun usage constant« [24]).

Jousse sagt selbst:

»Cette peine dépend alors de la prudence du juge.«

Die Strafen, die der Richter auferlegt, sollen wohl abhängen:

»du lieu, du temps, de la cause, de la quantité ou qualité du délit, de la personne, de l'état du sexe, de la récidive, de la mauvaise volenté et d'autres circonstances qui peuvent contribuer à rendre le crime plus ou moins grave [25]).«

Es sind das jedoch lediglich Regeln, nach denen sich der Richter bei Bestimmung der willkürlichen Strafen richten soll, die aber keineswegs seine Willkür geringer gestalten. Der Richter darf körperliche wie Geldstrafe verhängen, wie er es für gut hält. Ihm ist die Höhe überlassen. Zwar verwahrt sich Jousse [26]) dagegen, daß dieser Grundsatz in dem Sinn verstanden wird, als ob es von dem freien Ermessen des Richters abhänge, in den Fällen, die nicht vom Gesetz vorgesehen sind, eine leichte oder schwere Strafe für ein und dieselbe Art des Verbrechens zu verhängen. Die Richter müssen nach ihm in all diesen Fällen genau die Schwere des Delikts prüfen und die Strafe abwiegen.

»En sorte qu'un crime grave doit être puni d'une peine grave et un crime léger d'une peine légère: le tout en observant une proportion exacte entre la peine et la qualité du crime sans pouvoir s'écarter de cette proportion. [27])«

Aber auch hierdurch wird die Machtstellung des Richters nicht gemindert, denn von ihm hängt es ja wiederum ab, das Delikt für schwer oder nicht schwer zu erklären. — Der Richter ist bei den »peines arbitraires« in vollem Umfang Gesetzgeber. — Er bestimmt die Tatbestände. Der Richter kann jederzeit überall da, wo Gesetze und

---

[23]) Jousse, loc. cit., t. II, p. 598.
[24]) Jousse, loc. cit., t. II, p. 599, § 8.
[25]) Jousse, loc. cit., t. II, p. 38.
[26]) Jousse, loc. cit., t. II, p. 599, § 8.
[27]) Jousse, loc. cit., t. II, p. 599, § 8.

Gewohnheitsrecht schweigen, durch eigenen Machtspruch im einzelnen Fall Gesetz schaffen [28]).

Bei den »peines arbitraires« ist dem Richter die größte Macht gegeben. Waren bei den »peines légales« und den »peines en usage« wenigstens Tatbestände vorhanden, die wohl eine große Ermessensfreiheit zuließen, bei denen der Richter sich aber doch bemühen mußte, ein bestimmtes Verhalten unter diesem Tatbestand zu subsumieren, so fällt dies hier alles weg.

Der Richter ist über Tatbestand und Strafe in gleicher Weise Herr.

Ein Punkt verdient, als allen drei Strafkategorien gemeinsam, hervorgehoben zu werden: wenn der Richter willkürlich Strafen verhängte, so durfte er nur solche auswählen, die in Frankreich in Gebrauch waren [29]). Es war dies die einzige Beschränkung, der alle Gerichte in der Auswahl der Rechtsfolgen unterworfen waren.

Für die unteren Gerichte bestand das Gewohnheitsrecht, daß sie sich an die Entscheidung der oberen zu halten hatten und keine stärkere Strafe verhängen durften, als die oberen in einem ähnlichen Falle schon verhängt hatten. Dies bedeutete aber nur eine sehr geringe Einschränkung, da bei der großen Anzahl der willkürlichen Entscheidungen der Obergerichte fast für jedes Delikt einmal die höchste Strafe ausgesprochen war.

Die Strafen selbst, die in Frankreich in Gebrauch waren, und neben denen der Richter keine neuen erfinden durfte, stellt Jousse genau auf [30]):

»le feu;
la peine d'être tiré à quatre chevaux;
la roue (Rad);
la potence (Galgen);
la tête tranchée;
la peine d'être trainé sur la claie (auf die Leiter gespannt zu werden);
la question avec ou sans réserve de preuve;
les galères à temps ou à perpétuité;
le banissement perpétuel ou à temps;
le poing coupé;
la lèvre coupée;

---

[28]) Esnauld, Du Rôle du Législateur dans la Fixation de la peine, p. 14, Abs. 1; Boucly, De l'influence réciproque du législateur et du juge, p. 2, § 1; Boggero, De l'évolution du rôle social de la peine, p. 26.

[29]) Garraud, loc. cit., t. I, p. 113; Jousse, loc. cit., t. II, p. 599, § 8; Imbert, loc. cit., t. II, p. 511.

[30]) Jousse, loc. cit., t. I, p. 39.

la langue coupée ou percée d'un fer chaud;
le fouet (Peitsche);
la flétrissure (Brandmarkung);
l'amende-honorable (öffentl. Kirchenbuße);
le pilori (Pranger);
le carcan (Pranger mit Halseisen);
la réclusion à temps ou à toujours dans une maison de force;
la peine d'être mené par les rues avec un chapeau de paille;
le blâme (Rüge);
l'admonition (Verweis);
l'amende simple (einfache Geldstrafe);
l'aumône (Almosen geben).«

Über die Stellung des Strafrichters in Frankreich in ihrer doppelten Auswirkung läßt sich zusammenfassend sagen: es gibt nur wenig Mittel, die seine Macht beschränken, er ist allmächtig. Das wollen auch die Aussprüche von Imbert [31]) und Jousse [32]) ausdrücken, die es in die bekannte Formel bringen:

»aujourd'hui les peines sont arbitraires dans ce royaume.«

Freilich finden wir immer nur die eine Seite der richterlichen Macht betont, das liegt aber, wie wir schon oben sagten, daran, daß die richterliche Würdigung in der Abgrenzung des erlaubten vom verbotenen Tun nicht so in Erscheinung tritt [33]). Man hat noch nicht die Bedeutung dieser Tätigkeit des Richters in voller Schärfe erkannt, um sie gebührend zu werten.

1. Die in der Strafzumessung sich auswirkende Idee.

Es ist immer schwierig, die Gründe der Strafzumessung analysieren zu wollen. Man kommt gar leicht in die Versuchung, Männern einer bestimmten Periode Gründe für ihre Strafzumessung zu unterschieben, die sie nicht gehabt haben. Der allgemeine Drang, überall nach einem System zu schauen und erst dann zufrieden zu sein, wenn man alles in Regeln und Ausnahmen wohl untergebracht hat, kann einen leicht zu falschen Schlüssen veranlassen. Die Wissenschaft vom Strafmaß ist heute noch sehr wenig entwickelt, und es fehlt uns auch heute noch an der erforderlichen wissenschaftlichen Klärung der Materie [34]).

---

[31]) Imbert, loc. cit., p. 511.

[32]) Jousse, loc. cit., t. II, p. 594, Nr. 117, Abs. 2.

[33]) Vgl. Günther, Die Strafrechtsreform im Aufklärungszeitalter, Arch. f. Krim., Bd. 28, S. 119.

[34]) Vgl. Seelig, Grundsätzliches zur Strafbemessung nach dem Entwurf 1925, S. 238 ff.

Die Strafzumessung einer Zeitepoche als Ganzes wird beeinflußt von den Gedanken, die sich diese Epoche über Wesen und Zweck der Strafe macht. An und für sich voneinander unabhängig, kommen die Reflexionen über den Strafzweck doch in der Strafzumessung als Ganzem zum Ausdruck. Wir werden uns daher im folgenden den Erwägungen der Zeit über Wesen und Zweck der Strafe zuwenden.

Das französische Recht war von den Gedanken der Sühne und Abschreckung beherrscht. Der Sühnegedanke erstreckte sich aber nicht nur auf das Diesseits sondern auch auf das Jenseits. Boggero [35]) bezeichnet jene Zeit als

»époque des jugements de Dieu.... des supplices expiatoires.«

Indem man straft, sühnt man in gewissem Sinn das Verbrechen in den Augen Gottes. Die Strafe kann deshalb gar nicht hart genug sein.

Gleichzeitig liegt auch in ihr ein gewisser Besserungszweck, aber es wird eine Besserung verfolgt, die die Stellung des Individuums im Jenseits bessern soll. Je härter die Strafe, desto mehr kann sie den Verbrecher reinigen, desto mehr gibt sie ihm die Hoffnung auf Vermeidung der ewigen Verdammnis [36]).

»La peine était une sorte de satisfaction donnée par avance au Tribunal suprême [37]).«

Hier wirkt sich der Einfluß der Kirche aus. Sie selbst vollstreckte keine Todesurteile:

»ecclesia abhorret a sanguine«.

Für sie tut es der weltliche Arm. Hierbei wirkt die Sühneidee in einem solchen Maße, daß Michelet [38]) sagen kann (Elle):

»s'épuisa en interventions pour augmenter la souffrance, pour la rendre poignante, pénétrante, qu'elle trouva des arts exquis de torture, des moyens ingénieux pour faire que, sans mourir, *on savourat longtemps la mort* ....«

Der Gesichtspunkt, daß die weltliche Justiz namens der Kirche straft, tritt bei allen schweren Kriminalfällen — so bei Majestätsverbrechen, Mord usw. — zutage. Als sichtbares äußeres Zeichen wird der Verbrecher zur Kirchenbuße (amende honorable) verurteilt. Durch sie

---

35) Boggero, loc. cit., p. 23, Abs. 1.

36) Bougon, De la Participation du jury à l'application de la peine, p. 15; Garraud, loc. cit., t. I, p. 107. Er sieht aber auch eine weltliche Besserung als Ziel der damaligen Strafe an; Sabourin, De la fixation iudiciaire de la peine, p. 13 ff., B§ 2.

37) A. Guillot, Paris qui souffre, les Prisons de Paris cit. bei: Bougon, loc. cit., p. 14.

38) Michelet, Histoire de la Révolution, Avant-propos, p. 69.

hat er Gott wegen seines Verbrechens um Verzeihung zu bitten[39]), daneben wirkt der Gedanke, daß

> »die geärgerte Gemeine durch eine öffentliche Kirchenbuße wieder erbauet werde[40]).«

Hand in Hand mit der Sühneidee geht der Gedanke der Abschreckung[41]).

Montaigne[42]), ein aufgeklärter Kopf in der damaligen Zeit, sagt:

> »*On ne corrige pas celui, qu' on punit, on corrige les autres par lui.*«

Man richtet möglichst grausam hin, damit die Außenwelt sich hütet, wieder derartige Verbrechen zu begehen. Nur unter diesem Gesichtspunkt ist es zu verstehen, wenn Jousse im Fall der Majestätsverletzung die Kinder des Verbrechers, selbst wenn sie unschuldig sind, bestraft wissen will:

> »On les punit ordinairement ou du banissement, ou par la privation des biens qui doivent leur appartenir suivant la loi de nature[43])«:

Über die Grausamkeit der damaligen Zeit gibt die Hinrichtung Damiens, der ein Attentat auf das Leben Ludwigs XV. versucht hatte, Zeugnis. Der Gerichtshof von Paris ordnete folgendes an:

> »Le coupable sera conduit devant la principale porte de l'église en tombereau, y fera amende honorable; cela fait, sera mené en place de Grève et ténaillé aux mamelles, cuisses et bras, sur les endroits ténaillés sera jeté du plomb fondu, de l'huile bouillante, puis son corps écartelé et brûlé, ses cendres jetées au vent[44]).«

Die Sühneidee in ihrer doppelten Bedeutung und die Abschreckungstheorie greifen ineinander und beherrschen das französische Strafrecht.

Um das zeitliche Wohl des Verbrechers selbst bekümmerte man sich nur wenig. Was ihn anbelangt, galt das Prinzip der gleichen Verantwortlichkeit für alle Menschen und darum auch der gleichen Strafe. Man suchte nicht das Vorleben, die sittlichen Anlagen und das Wesen der Person des Verbrechers zu erforschen, sondern legte nur Wert auf die Tat und berücksichtigte lediglich die objektiven Umstände,

---

39) Hertz, loc. cit., S. 5; vgl. unten die Hinrichtung Damiens.

40) Vgl. Eberhard Schmidt, Die Kriminalpolitik Preußens unter Friedrich Wilhelm I. und Friedrich II., Berlin 1914, S. 25 ff.

41) Jousse, loc. cit., préface, p. 5; der Abschreckungszweck ist bei Jousse die Hauptsache; C. I. A. Mittermaier, Kritische Zeitschrift f. Rechtswissenschaft III, Nr. 22, S. 416.

42) Montaigne, Essais, livre II, chap. 7.

43) Warée, Curiosités iudiciaires, p. 431; cit. bei Boggero, loc. cit., p. 25.

44) Warée, Curiosités iudiciaires p. 431, cit. bei Boggero, loc. cit., p. 25.

die die Schuld des Verbrechers erhöhen. Man stand auf dem Boden der objektiven Individualisation:

»Poena ad mensuram delicti statuenda est.«[45]) Jousse[46]) stellt eine ganze Reihe von Umständen auf, die die Schuld erhöhen[47]).

All diese Umstände sind objektiv zu werten. Wenn man in der damaligen Zeit die Person des Verbrechers betrachtet, so tut man es nur deshalb, um die Größe der sozialen Unordnung, die sein Fehltritt verursacht hat, abzuschätzen und nicht etwa, um die psychologischen Beweggründe seines verbrecherischen Handelns in Rechnung zu ziehen und die Strafe danach zu gestalten[48]). Zum Beweise vergleiche man etwa Jean Duret[49]), er sagt:

> »Car d'autant que la personne est noble, plus elle en doit monstrer le fruit, embrasser vertu, faire bonnes et sainctes opérations correspondantes à ses titres, que si elle s'adonne à vice est faultive d'iniquité, plus le vice qu'elle a suivy la rendra odieuse et détestable, parce qu'il y a plus de péché, plus grande est la qualité.«

In Jousses Werk[50]) kommt auch als Strafzweck die Besserung vor. Er bezeichnet sie sogar als ersten Zweck einer Strafe. Die Besserung ist aber nicht als individualisierendes Moment aufzufassen, sondern, wie Mittermaier[51]) richtig sagt, als Warnung, die jedem Bestraften ankündigt, daß ihm bei Wiederholung eine neue Strafe treffen würde.

Das Wesentliche im Strafrecht jener Zeit ist, daß man in dem stetigen Bemühen, Gott zu versöhnen, für das ewige Heil des Verdammten zu sorgen und zugleich das abschreckende Beispiel auf die Umwelt nicht zu kurz kommen zu lassen, den Verbrecher selbst vergaß. Streiten kann man dabei, ob der Sühnegedanke oder der der Abschreckung stärkeren Einfluß hat, bei Jousse ist der Abschreckungszweck die Hauptsache[52]), in Deutschland ebenso[53]).

Dies sind im allgemeinen die Gedanken, die man sich bis zur 2. Hälfte des 18. Jahrhunderts über Wesen und Zweck der Strafe

[45]) Remy, Les principes généraux du code pénal de 1791, p. 30.

[46]) Jousse, loc. cit., t. II, p. 38, vgl. auch Duret, Traité des peines et amendes, p. 5.

[47]) s. S. 8 (Zitat).

[48]) Sabourin, loc. cit., p. 11, Abs. III.

[49]) Jean Duret, Traité des peines et amendes, p. 4.

[50]) Jousse, loc. cit., t. I, préface p. 11.

[51]) C. I. A. Mittermaier, Kritische Zeitschrift f. Rechtswissenschaft III, Nr. XX, S. 416.

[52]) Jousse, loc. cit., préface p. 5; man vgl. S. 33 d. Arbeit: »L'exception est réclamée«.

[53]) Eberhard Schmidt, loc. cit., S. 20 ff.

machte. Sie liegen wie ein dichter Schleier bei der wechselseitigen Verbundenheit zwischen Strafzumessung und Strafzweck über der Strafzumessung als Ganzem, bilden eine Art Unterbewußtsein, das überall seinen Einfluß geltend macht und sich in der Strafzumessung auswirkt. — Wir betonen: die Strafzumessung als Ganzes betrachtet; denn der Einzelfall weicht nur zu oft von der Gesamtlinie ab.

Nicht alle Gelehrten und Richter der damaligen Zeit waren mit dem geltenden Strafrecht einverstanden. Schon im 17. Jahrhundert wandte sich Montaigne [54]) scharf gegen die Grausamkeit der Strafen:

> »Combien ay-je déjà veu de condamnations plus crimineuses que le crime!«

Neben Charondas und Estienne erhebt er sich gegen die Tortur:

> »Estes-vous pas injustes qui pour ne le tuer [55]) sans occasion, luy faictes pis que le tuer?«

Im 18. Jahrhundert war es vor allem Lamoignon, »coeur humain, esprit généreux« [56]), selbst Parlamentsrat und sehr geachtet, der in den Parlamenten milde Auffassungen vertrat. Sein großer Gegner Pussort errang aber nur zu oft den Sieg [57]).

Ebensowenig wie Montaignes Stimme im 17. Jahrhundert irgendwelchen Widerhall gefunden hatte, haben Stimmen wie die Lamoignons irgendwelchen Einfluß.

> »... quand tout s'élevait et se poussait, la législation pénale parut s'endurcir [58]).«

Es existiert in der 1. Hälfte des 18. Jahrhunderts und noch darüber hinaus keine Oppositionsbewegung. Man begnügt sich damit, hier und da einen Mann aus guter Familie von der willkürlichen Todesstrafe zu retten, aber man geht nicht so weit, allgemein die Härte der Strafen zu geißeln und Reformen zu fordern:

> »L'exception est réclamée, jamais la réforme [59]).«

Die Strenge der Strafen war bisher der großen Menge kaum zum Bewußtsein gekommen, genau so wenig wie den gebildeten Ständen. Sie nahm sie hin als eine der dunklen Schicksalsmächte, gegen die man im großen und ganzen machtlos ist; verfällt man einmal dem Gerichtsapparat, dann hat das Schicksal das Buch über einem ge-

---

[54]) Montaigne, loc. cit., liv. III, chap. 13.

[55]) Montaigne, loc. cit., liv. II, chap. 7.

[56]) Lacretelle, Réflexions sur les écrivains qui ont traité de la législation pénale, p. 329.

[57]) Vgl. Maury, loc. cit. Revue des Deux-Mondes du 15 sept. 1877, p. 274.

[58]) Ausspruch Villemains, Cour de littérature, tabl. du 18. siècle, t. II, p. 83 über das 17. Jahrhundert.

[59]) Villemain, loc. cit., t. IV, p. 295. Die Abschreckungstheorie findet sich hier typisch gekennzeichnet.

schlossen. Zuweilen empört sich das Volk, wenn die Strafen gar zu hart erscheinen. So entsteht im Jahre 1721 bei der öffentlichen Auspeitschung und Brandmarkung eines Diebes für einen Diebstahl von 30 Sols ein Tumult, ebenso, als ein Lakai, der seinen Herrn beschimpft hatte, zum Pranger und zur Galeere verurteilt wurde. Im September 1783 mußte, als eine Köchin wegen Hausdiebstahls hingerichtet werden sollte, eine Verstärkung der Wachen auf dem Grèveplatz eintreten [60]). Im allgemeinen aber steht man grausamen Strafen ohne Opposition gegenüber. Die Grausamkeit selbst muß bis in die 2. Hälfte des 18. Jahrhunderts erschreckend gewesen sein. Du Boys [61]) sagt:

> »Si l'on recueillait le chiffre de ses condamnations capitales, même dans la seconde partie du XVIIIe siècle, on serait effrayé de ces rigueurs excessives.«

Die ständigen grausamen Hinrichtungen verhärteten das Gemüt der Bürger derart, daß sie letzten Endes gar nichts mehr dabei fanden. Bekannt ist der Ausspruch der Frau des Generalpächters Preaudeau, die, als sie sah, wie sich die Pferde beim Auseinanderreißen von Damiens anstrengten, ausrief: »Oh, wie tun mir die armen Pferde leid!« [62])

Will man dem Richter, der solch grausame Strafen aussprach, wie dem Richter der damaligen Zeit überhaupt in seinen »Willkürakten« gerecht werden, so muß man sich ganz auf die damalige strafrechtliche Ideenwelt einstellen. Von diesem Standpunkt aus ist er kein schlechter Richter, kein Despot, im Gegenteil, die jene Epoche beherrschenden Ideen über die Strafe bringt er in seinen Urteilen nur zu gut zum Ausdruck. Freies Ermessen war dem Richter gegeben, um ja recht gut der Sühnepflicht gegenüber dem höchsten Wesen bei dem Abschreckungsgedanken gerecht werden zu können, um nicht gebunden zu sein an starre Regeln, die in ihrer Starrheit den Zweck vielleicht nicht hätten erreichen lassen.

Es handelt sich also in jener Zeit nicht so sehr um despotische Richter als um eine Zeit, in der grausame Ahndung eine Selbstverständlichkeit war. Das Eigentümliche an der Zeit ist, daß die intellektuellen Schichten trotz des offensichtlichen Widerspruchs zwischen der Härte der Urteile und der hohen Stufe der damaligen Kultur [63]) im allgemeinen auf dem Boden der veralteten Strafrechtspflege stehen. Der Zustand ist also bis in die Mitte des 18. Jahrhunderts

---

60) Vgl. zu allem: Hertz, loc. cit., S. 117.

61) Du Boys, Histoire du droit criminel, t. II, p. 180.

62) Vgl. Barbier, Journal VI, p. 508 (mars 1757); Colle, Journal et mémoire (Paris 1868, II), p. 86; cit. bei Hertz, loc. cit., S. 121. Weitere Beispiele bei Hertz, S. 119, 120.

63) Vgl. Hertz, loc. cit., S. 6.

so, daß trotz des Fortschritts auf allen Gebieten die Strafrechtspflege zurückbleibt, ohne daß dies Widerspruch erregt. Die Katastrophe tritt erst dann ein, als die intellektuellen Schichten den Tiefstand erkennen, innerlich sich darüber erheben, und das Richtertum sich in der verhältnismäßig kurzen Zeit nicht umzustellen vermag.

2. Die Ideen der Aufklärungszeit.

In der Mitte der 2. Hälfte des 18. Jahrhunderts ist man zu einem großen Wendepunkt in der strafrechtlichen Ideenwelt gekommen. Es formen sich neue Ideen. Erklären läßt sich nicht, weshalb sie gerade jetzt auftauchten und Boden fanden. Man liest oft, daß die Unwirksamkeit der Strafen — die Verbrechen vermehrten sich trotz der Grausamkeit der Strafen bedeutend — der Anlaß für das Aufkommen der neuen Ideen gewesen sei. Wenn dem so war, so war es sicher nur ein äußerer Anlaß. Die Zeit war reif: Es ist wie bei allen großen Geschehnissen: wenn die Zeit für sie da ist, treten Männer auf, die sie verwirklichen. Ohne Übergang, plötzlich sind sie da. Man versucht meistens hinterher Vorläufer zu konstruieren, einen Übergang zu schaffen, weil das Plötzliche, Unerwartete unbequem ist — eine derartige Konstruktion ist aber meist verfehlt.

So treten in Frankreich Männer auf, die sich mit der Strafe beschäftigen, sie dabei einreihen in eine neue Betrachtung von Staat und Gesellschaft und dabei zu Resultaten kommen, die mit der bisherigen Anschauung über die Strafe, ihren Zweck und ihr Ziel in gänzlichem Widerspruch stehen. Es sind Ideen, die sich herleiten vom Staat und der Bewertung des Individuums. Es ist ein Stück Kampf gegen den Absolutismus.

In Frankreich sind es vor allem drei Männer: Montesquieu, Rousseau und Voltaire, in Italien ist es Beccaria. 1748 erscheint Montesquieus [64]) L'Esprit des Lois. Seine Lehre von der Dreiteilung der Gewalten, die zu einer vernünftigen Freiheit führen sollte, übte eine ungeheure politische Wirkung aus, um so mehr, als sie in einem gemäßigten und ernsten Ton gehalten ist.

Für Montesquieu besteht eine innige Wechselwirkung zwischen dem Gesetz und dem Volksgeiste. Für ihn ist der Staat nicht etwas willkürlich Geschaffenes und darum auch nicht willkürlich änderbar. Zweck des Staates ist die Darstellung gesetzlicher Freiheit. Davon ausgehend, nimmt Montesquieu gegen die Ermessensfreiheit des Richters Stellung und verlangt, daß er an das Gesetz gebunden sein müsse [65]) und jede Auslegung ihm zu verbieten sei.

---

64) Montesquieu, Esprit des Lois, liv. 6, chap. XII.
65) Montesquieu, loc. cit., liv. 9, chap. VI, p. 134.

Montesquieu verbreitet zugleich die Idee, daß die Gesetze selbst es sind, die die Vermehrung der Zahl der Verbrechen hervorrufen und wendet sich gegen die Härte und Grausamkeit der Strafen.

1762 erscheint der »Contrat Social« von Rousseau. Rousseau hat sich nicht direkt mit dem Strafrecht beschäftigt, dadurch aber, daß er den Staat als »contrat social« bezeichnete [66]), das Recht zu strafen auf ganz neue Grundlagen gestellt. Es ist nur ein Element einer allgemeinen Theorie, die die Gesamtheit der Gesetze umfaßt und den Ursprung der organisierten Menschengemeinschaft erklärt. Die Gesellschaft ist ein Vertrag, durch den die Menschen dem Naturzustand, der die Absonderung des einzelnen darstellt, ein Ende gemacht haben. So haben sie die »pouvoir social«, die Staatsgewalt, geschaffen. Das Ziel der Vereinigung ist die Erhaltung der den Vertrag schließenden Teile und die Sicherstellung ihrer natürlichen Rechte. Um dieses Ziel zu erreichen, kann die Gesellschaft jedem, der die Rechte des anderen verletzt, Strafen auferlegen. Die Bürger haben ihr Recht auf Freiheit und Leben für den Fall verwirkt, daß sie dem Gemeinwesen schaden. Der Staat, der sein Recht zu strafen aus dem »contrat social« erhält, kann es wiederum nur in den Grenzen dieses Kontraktes ausüben. So ist die Strafe denn notgedrungen der Ausdruck des allgemeinen Willens, der sich bildet aus der Gesamtheit der einzelnen Verzichtleistungen der Bürger. Sie ist ein »droit individuel« für den Beleidigten, die Gesellschaft, ebenso aber auch ein »droit individuel« für den Beleidiger, der sich in genau demselben Maß wie er gegen die Gesellschaft vergangen hat. Das Maß selbst kann nur durch ganz genaue Gesetze bestimmt sein. Diese Folge zog denn auch Beccaria in seinem Werk: Über Verbrechen und Strafen, 1764:

> »Die Gesetze allein können die Strafen für die Verbrechen bestimmen [67]).«

Lebhaft greift er die dem Richter bewilligte Auslegung an:

> »Die Befugnis zur Auslegung der Strafgesetze kann nicht den Strafrichtern zukommen und zwar aus dem Grunde nicht, weil sie keine Gesetzgeber sind [68])...«
>
> »Nichts ist gefährlicher als der allgemein angenommene Satz, daß man den Geist der Gesetze zu Rat ziehen müsse [69]).«

Er fordert genau festgelegte Strafen. Erst dann kann der Bürger ruhig leben und die Frucht der Vereinigung der Menschen zu einer Gesellschaft genießen, was nur gerecht ist. Von vornherein kann er

---

66) Rousseau ist dabei nicht Schöpfer der Theorie vom Staatsvertrag.
67) Beccaria (-Esselborn) S. 70.
68) Beccaria, loc. cit., § 4, S. 71.
69) Beccaria, loc. cit., § 4, S. 73.

die Mißlichkeit seines etwaigen schlechten Verhaltens erkennen, ein Umstand, der nur von Nützlichkeit ist [70]).

Gleichzeitig weist Beccaria die alten Ideen der Einschüchterung und exemplarischen Strafen zurück, er trennt die göttliche von der weltlichen Gerechtigkeit und bezeichnet die Nützlichkeit als die Idee, die der Bestrafung zugrunde liegen soll.

Seit dem Erscheinen der Werke von Montesquieu und Rousseau war ein Sturm über die Geister der damaligen Zeit gegangen. Die Ideen schlugen mit einer solchen Gewalt ein, wie es eben nur möglich ist, wenn die Zeit einer alten Epoche erfüllt ist und eine neue anbricht. Es ist, als ob alle, die sich vorher mit dem alten Zustand zufrieden gegeben hatten, die gar nicht daran dachten, Kritik zu üben, nur auf diese neuen Ideen gewartet hätten. Beccarias Buch verstand es, all das, was seit dem Aufkommen der neuen Ideen die Geister bewegte, zusammenzufassen und in eine Form zu bringen, die allenthalben einen ungeheuren Anklang fand.

So sagt Desjardins [71]):

> »Beccaria donna une forme précise à des mécontentements et à des voeux instinctifs; il changea les premiers en accusations motivées, les seconds en demandes réfléchies; on sut, grâce à lui, que les abus qui choquaient l'équité dans la pratique blessaient d'abord la raison en théorie; on apprit sur quels points l'attaque devait porter dès lors la lutte se poursuivit sans relâche.«

Einer der mächtigsten Köpfe der neuen Zeit ist Voltaire. Mit der ganzen Kraft seiner Persönlichkeit verbreitet er die neuen Ideen [72]). Sein Hauptgebiet ist der Kampf gegen die Kirche. Er tritt ein für die Trennung der weltlichen von den religiösen Delikten und geißelt die furchtbare Grausamkeit, die im Namen der Kirche verübt wird. Bekannt sind seine Prozesse, die er für die Familien der Calas und Sirven führt, bei denen er die Wirkungen, die die Vermischung der weltlichen mit kirchlichen Delikten zeitigt, kennenlernt.

Immer wieder stürmt er gegen die Unduldsamkeit und Verfolgungssucht der Kirche an. Die Heilighaltung ihrer Satzungen hatte so unendlich viel Blut gekostet, Hunderttausende waren als Ketzer verbrannt worden, und noch zu Voltaires Zeiten loderte in Frankreich der Holzstoß [73]).

---

[70]) Beccaria, loc. cit., § 4, S. 74.

[71]) Desjardins, Les cahiers des États-Généraux en 1789 et la législation criminelle, Introd. p. XI.

[72]) Hertz gibt eine ausgezeichnete Darstellung über Voltaires Bedeutung für die französische Strafrechtspflege.

[73]) Hertz, loc. cit., S. 147.

Laut pries der Abbé Caveyrac noch im Jahre 1758 die Bartholomäusnacht als ein verdienstliches Werk [74]), und der Generaladvokat am Pariser Parlament konnte noch 1762 sagen, daß Menschen, die durch religiöse Toleranz voreingenommen seien, gleicher Weise dem Bürger wie dem Christen Abscheu einflößten [75]). Die Gewissensfreiheit war unterdrückt, jeder, der ihr huldigte, war Ketzer. Die Gedanken der Humanität galten als Angriff gegen die Kirche. Wer sich hier durchsetzen wollte, mußte mit der ganzen Schärfe einen Kampf auf Leben und Tod führen. Von diesem Gesichtspunkt aus ist der Kampfton — mag er im einzelnen zu weit gegangen sein — verständlich; er ist für uns im allgemeinen deshalb immer schwierig zu verstehen, weil wir nicht mehr für das uns einzusetzen brauchen, für das jene Zeit mit aller Kraft kämpfte. Nur durch rücksichtsloses Aufdecken aller Schwächen des Gegners, das bis zum Angriff auf Dogmen ging, war es möglich, den Boden propagandistisch so vorzubereiten, daß mit der Revolution die Trennung der kirchlichen von den weltlichen Delikten als großer Fortschritt in die Strafrechtsreform aufgenommen werden konnte.

Die Literatur der damaligen Zeit blieb nicht unberührt von diesen neuen Ideen.

> »Vers la fin du XVIIIe siècle la littérature se transforme, et au lieu d'être à elle-même son objet va devenir l'instrument de réforme universelle [76]).«

Es entstehen eine Reihe bedeutender strafrechtlicher Werke, die den Geist der neuen Zeit tragen, so:

Bouger d'Argis	—	Les Observations sur les lois criminelles de France, (Amsterdam, 1782);
Brissot de Marville	—	La Théorie des lois criminelles (Paris 1781, deux vol. in-80);
Lacretelle aîné	—	Le Discours sur le préjuge des peines infamantes (Paris 1784);
Mably	—	De la Législation ou principes des lois (Paris 1776);
Pastoret	—	Des lois pénales (Paris 1790, deux vol. in-80).

Kaum waren die neuen Ideen eingedrungen, so beginnt schon der Sturm gegen das alte Strafrecht und den Richterstand. Jetzt steht die große Mehrzahl der Köpfe, die die Strafe von einem ganz anderen Standpunkt auffaßt, einer Rechtsprechung gegenüber, die

---

74) Hertz, loc. cit., S. 147.
75) Hertz, loc. cit., S. 147.
76) Villemain, loc. cit., t. IV, p. 281.

noch vom alten Standpunkt aus urteilt. Wenn jetzt der Richter unter der Auswahl, die er in den Strafen hat, die schwerste verhängt, so erscheint dieses freie Ermessen, das man früher nicht oder kaum als Willkür empfunden und in der Ordnung gehalten hat, als besonders verwerflich. Jetzt wird der Richter zum »Mörder in der Robe« 77). Der Richterstand hatte den neuen Ideen nicht folgen können, obwohl die jüngeren Richter sich stark von Beccarias Buch über Verbrechen und Strafen leiten ließen. Es entsteht die große Kluft zwischen den Anschauungen des Richtertums und den weiten Meinungen der intellektuellen Kreise. Jetzt sieht man jede Handlung des Richters mißtrauisch an, sieht in ihm selbst eine der absoluten Mächte, gegen die man allgemein Sturm läuft, und beginnt den Kampf. Das Volk kommt langsam zum Bewußtsein und wehrt sich gegen die Schicksalsmächte, denen es bisher ausgeliefert war. Es erkennt auch in dem Richterstand eine dieser Mächte, gegen die man sich wehren kann. Man will sich gegen die Willkür der Richter schützen, indem man sie bindet, ihnen jede auslegende oder einschränkende Interpretation verbietet, in der Zumessung der Strafe sie lediglich zu einer unbeseelten Maschine macht 78). Selbst Beamte nehmen an der Bewegung teil; der bekannteste ist Servan, avocat général au Parlament du Dauphiné. Berühmt sind seine »Discours sur l'administration de la justice criminelle«, deren Widerhall bei seinem ungeheuren Einfluß sich über ganz Frankreich verbreitete. Das Strafgesetz ist für ihn nur ein

> »engagement contracté par chaque citoyen envers tout les autres de se soumettre à telle peine dans tous les cas où il commettra tels délits 79).«

Hier wirken Beccaria und Rousseau, Servan 80) geht ganz in ihren Bahnen:

> »Il ne faut pas craindre de l'avouer; nos lois criminelles sont bien éloignées de cette perfection; au lieu de former par une gradation bien suivie des peines et des délits une double chaîne dont toutes les parties se correspondent pour envelopper toute la société politique, elles sont éparses, sans liaison, et laissent entre elles de grands espaces vides où le magistrat peut s'égarer.....«

---

77) Ausspruch Voltaires; vgl. Hertz, loc. cit., S. 265.

78) Servan, Discours sur l'administration de la justice criminelle, oeuvres choisies, t. II, p. 75; Lacretelle, Vues sur la réforme des lois criminelles, p. 350, 352; Montesquieu, loc. cit., liv. 9, chap. VI, p. 134.

79) Servan, loc. cit., t. II, p. 75.

80) Servan, loc. cit., t. II, p. 76.

Von ihm stammt auch der berühmte, in der Propaganda vielfach verwertete Satz:

»c'est une espèce de maxime que les peines sont arbitraires dans ce royaume.«

Besonders der Advokatenstand ist es, der für die neuen Gedanken eintritt. Letrosne [81]), Generaladvokat im Parlament von Orleans, bewegt sich ganz in den Gedankengängen der Aufklärer:

»La même loi devrait renfermer toutes les peines applicables aux différents crimes de manière à dispenser de toute recherche et à lever toute incertitude.«

Daneben treten die Akademien und gelehrten Gesellschaften auf den Plan und verbreiten den Reformgeist.

»Les corps littéraires eux-mêmes proposent aujourd'hui pour sujet des prix qu'ils distribuent la discussion de cette importante matière [82]).«

Im Jahre 1777 beginnt die Berner Ökonomische Gesellschaft mit einem Preisausschreiben. Neufchâtel folgte. Solche Ausschreiben wurden Mode. Sie haben aber zweifellos das Verdienst, die Revolution und ihre Reformideen bedeutend gefördert zu haben. Die Preisausschreiben zeigen, unter welchen Gesichtspunkten sich die Reform vollziehen soll, und wo die Hauptkritik einsetzt. So lautet das Preisausschreiben der Ökonomischen Gesellschaft von Bern:

»Composer et rédiger un plan complet et détaillé de législation criminelle sous ce triple point de vue: 1° des crimes et des peines proportionnées qu'il s'agit de leur appliquer; 2° de la nature et de la force des preuves et des présomptions; 3° de la manière de les acquérir par la voie de la procédure criminelle, en sorte que la douceur de l'instruction et des peines soit conciliée avec la certitude d'un châtiment prompt et exemplaire, et que la société civile trouve la plus grande sûreté possible pour la liberté et l'humanité.«

Die Akademie Châlons-sur-Marne stellte 1780 die Preisaufgabe:

»Les moyens d'adoucir la rigueur des lois pénales en France, sans nuire a la sureté publique.«

Die Akademie von Marseille schrieb folgende Frage aus:

L'extrème sévérité des lois tend-elle à diminuer le nombre et l'énormité des crimes chez une nation dépravée?«

Gegen die neuen Ideen wehrt sich die alte Zeit so gut sie kann, besonders sind es Jousse und Muyart de Vouglans, die bedeutendsten Kriminalisten des alten Systems. Muyart de Vouglans schreibt selbst

---

81) Letrosne. Vue sur la justice criminelle, p. 107.

82) Bouger d'Argis, Observations sur les lois criminelles de France, p. 8.

ein Buch gegen Beccaria unter dem Titel »Lettres, contenants la réfutation de quelques principes hasardies dans le Traité des délits et des peines.« Genève 1767.

Die Männer des alten Systems können die neuen Gedanken nicht begreifen. Für Muyart de Vouglans ist Beccaria ein Narr [83]), und Jousse hält Beccarias Buch in seinem Vorwort zu seinem berühmten Werk

»Traité des délits et des peines«

gar nicht für wert, kritisiert zu werden:

»à cause des paradoxes et des erreurs dont il est rempli.« [84])

Ein Generalurteil kann er sich aber doch nicht versagen; Beccarias Buch ist geeignet, die Sitten, die Religion und die der Regierung geheiligten Maxime umzustürzen [85]). Die Verteidigungsreden für das alte System finden keinen Anklang mehr. Das Volk hörte nicht auf sie, und wo es auf sie hörte, überzeugten sie nicht mehr, sie, die in ihrer einfachen juristischen Denkart und Verteidigungsweise den schwungvoll begeisternden Ideen der Philosophen unterlegen waren. Man lese die trocknen Abhandlungen von Jousse, dessen großes Werk in die Aufklärungszeit fällt und danach ein Kapitel aus einer Abhandlung der Aufklärer. Die Zeit war nicht mehr für Jousse und Muyart de Vouglans geschaffen.

»On trouvait bien peu probable qu'ils fussent sincères et on les soupçonnait de n'être attachés qu'à ce qui les faisait vivre; leur sincérité même, si on la reconnaissait, prouvait la faiblesse d'esprits incapables de briser les lieus dont les avait enveloppés une longue habitude [86]).«

3. Die Reform vom 8. Mai 1788.

Die neuen Gedanken ziehen immer weitere Kreise. Die Staatsgewalt kann ihnen keine anderen entgegensetzen, wagt auch nicht, gegen sie vorzugehen. Selbst die Kreise, gegen die sich die Revolutionsgedanken richten, sind von ihnen erfüllt und spielen mit ihnen, ohne zu wissen, daß sie auf einem Vulkan tanzen. Der Richter, der den Ideen des »contrat social« huldigt, vergißt dabei, daß die Reform der Gerichte, der er sich widersetzt, nur eine Folge dieses »contrat« ist.

Inzwischen führt die Krone einen heftigen Kampf mit den Parlamenten um ihre Machtstellung [87]).

---

83) Muyart de Vouglans, Lettres, contenants la réfutation, p. 22.
84) Jousse, loc. cit., t. I, préface, p. LXIII.
85) Jousse, loc. cit., préface, p. LXIV.
86) Desjardins, loc. cit., Introd. p. XVI.
87) Vgl. Hertz, loc. cit., S. 498 ff.

Die Parlamente sind im 18. Jahrhundert Frankreichs Obergerichte, von ihnen sind die Untergerichte abhängig, da jede Verurteilung zu schwerer Kriminalstrafe einer Bestätigung von ihrer Seite bedurfte. Sie sind die wahren Herren der französischen Justiz und bilden gleichzeitig den Mittelpunkt jeder Bewegung, die sich gegen den Klerus und den Absolutismus der Krone richtet. Ludwig XIV. wußte sie in einem Zustande politischer Ohnmacht zu erhalten. Nach seinem Tode hatten sie sich das Recht erkämpft, vor Eintragung der von der Krone erlassenen Gesetze in das Parlamentsregister, vorstellig zu werden, die Eintragung dadurch aufzuhalten, und so zu verhindern, daß sie Gesetzeskraft erlangten. Kam es zu keiner Einigung zwischen Krone und Parlamenten, so konnte die Krone das betreffende Gesetz durch ein Throngericht (lit de Justice) für eingetragen erklären lassen. Das Bestreben der Parlamente ging nun dahin, ihr suspensives Veto in ein endgültiges umzuwandeln und der Krone das Recht zu nehmen, im Gegensatz zu den Parlamenten Eintragungen durch ein Throngericht vornehmen zu können. Zur Durchsetzung dieses Zieles hören sie zeitwillig überhaupt auf, Recht zu sprechen. Eine Verbannung, wie es der Kanzler Meaupou — 1771/1777 — versucht, nützt nichts, da die Advokaten, Parteigänger der verbannten Parlamente, vor den neu geschaffenen nicht auftreten. Die verbannten Parlamente besitzen, zugleich als Märtyrer der absoluten Gewalt des Königtums, einen starken Rückhalt im Volke. Dies zeigt der Hohn und die Verachtung, die man den neu eingesetzten entgegenbringt. So müssen sie jedesmal wieder aus dem Exil unter dem Jauchzen des Volkes [88]) zurückberufen werden, und gestärkt in ihrer Machtstellung nehmen sie den Kampf von neuem auf [89]).

Im Sommer 1787 war der ständige Kampf zwischen Krone und Parlament wieder einmal zu einem Höhepunkt gekommen. Die Krone hatte die Eintragung eines Gesetzes über Stempeltaxen und eines anderen über die Grundsteuer verlangt, die Parlamente sie aber verweigert. Die Parlamente waren auf ihre Weigerung hin verbannt worden, die Verbannung hatte wieder rückgängig gemacht werden müssen, da alle Untergerichte für die alten Parlamente eintraten, die Advokaten nicht plädierten und ein allgemeiner Stillstand der Rechtspflege eintrat. Daraufhin beschlossen der damalige Siegel-

---

[88]) Unter Volk ist bei Beginn der Revolution der 3. Stand, das Bürgertum, das nach Sieyès nichts ist und alles werden soll, zu verstehen, im Gegensatz zur Aristokratie und den Privilegierten vgl. Carl Schmitt: Verfassungslehre 1928, S. 243.

[89]) Diese Entwicklung ist geschildert bei Hertz, loc. cit., S. 94, 96, 297, 409 ff.

bewahrer zusammen mit dem König und dem damaligen Premierminister, dem Erzbischof Loménie de Brienne, die Macht der Parlamente zu stürzen [90]).

Man wußte, daß man sie am besten durch Einführung von Reformen treffen konnte. Und so trat denn der König in dem Edikt vom 8. Mai 1788 mit Reformplänen an die Öffentlichkeit. Mehrere Einrichtungen, die sich mit den neuen Ideen nicht mehr vertragen, werden beseitigt [91]). Die Hauptpunkte sind:

I. Die »question« (Folter als Strafe) wird abgeschafft;
II. Jedes Urteil soll die Tat, der der Angeklagte für schuldig erklärt wird, genau angeben;
III. die »question préalable« ist beseitigt (die vorherige Folter zur Erzielung eines Geständnisses);
IV. die Todesurteile können in der Regel nur einen Monat nach dem Zeitpunkt, wo keine Rechtsmittel mehr möglich sind, vollstreckt werden;
V. die Angeklagten haben das Recht zu einer »réparation d'honneur«.

Den Parlamenten versetzte die Krone den tödlichen Streich dadurch, daß sie ihnen das Recht zum Eintragen der Gesetze nahm und es einem über ihnen stehenden Gerichtshof, dem »Cour plénière«, übertrug, der zwar gegen diese Gesetze Einwendungen erheben durfte, in dem Augenblick aber, in dem der König das betreffende Gesetz in einem »lit de justice« für einregistriert erklärte, unbedingt nachgeben mußte. Die Parlamente selbst wurden bis zur Verkündung einer neuen Gerichtsverfassung in die Ferien geschickt.

Das Bezeichnende an der Reform ist, daß sie nicht aus Liebe zu Reformen, sondern, um die Machtstellung des Königs zu stärken, entstanden ist. Gleichzeitig aber zeigt sie, wie weit die neuen Ideen schon vorgedrungen sind, so weit, daß sogar der König glaubt, er könne das Volk in dem Kampf mit den Parlamenten auf seine Seite ziehen, wenn er Reformen verkündet.

Zur Beurteilung des Geistes der Reform vergleiche man Folgendes: sie erkennt an, daß die »question préalable«

> »est toujours dangéreuse pour l'innocence, en ce que la torture pousse les patients à des déclarations fausses qu'ils n'osent plus rétracter de peur, devoir renouveler leur tourments [92])«

und fügt trotzdem kurz darauf hinzu:

---

[90]) Vgl. Hertz, loc. cit., S. 500 ff.

[91]) Man findet den Text in: Isambert: Anciennes lois, p. 527.

[92]) Moniteur, Introductions, p. 312.

»nous nous réservons, quoique à regret, de rétablir la question préalable, si, après quelques années d'expérience, les rapports de nos juges nous apprenaient qu'elle fût d'une indispensable nécessité [93] [94]).«

Obwohl die Reformen eine wenn auch nur sehr dürftige Verbesserung der Gerichtsverfassung und der Strafrechtspflege enthielten, konnten sie keinerlei Anklang im Volke finden; das Volk hielt zu den alten Parlamenten. Es erblickte in der Einrichtung des »cour plénière« einen ungeheuren Despotismus. So weit war der Haß gegen alle absoluten Handlungen gestiegen, daß man selbst Besserungen durch despotische Akte nicht annahm. Nicht Zutrauen des Volkes zu den bisher eingesetzten Richtern, sondern eine viel stärkere Abneigung gegen die neue, von der Krone eingesetzte Gerichtsgewalt veranlaßte das Volk, die alten Parlamente zu unterstützen und sie im Kampf gegen die Krone zum Sieg zu führen.

Noch ein eigenartiges Resultat zeitigte der Lamoignonsche Staatsstreich. Die Parlamente hatten, als sie von den Plänen der Minister Kenntnis erhielten, in einem feierlichen Beschluß, an den alle Mitglieder strengstens gebunden sein sollten, die Grundzüge einer neuen Verfassung Frankreichs in der Sitzung vom 3. und 4. Mai 1788 niedergelegt.

Der Nation wurde das Recht zuerkannt, durch die Generalstände Steuern zu bewilligen, die Richter für unabsetzbar erklärt und dem König das Recht, willkürliche Haftbefehle zu erlassen, abgesprochen. Jeder Franzose muß vor seinen ordentlichen Richter gestellt werden. Die Parlamente sind nur verpflichtet, die vorgelegten Gesetze einzutragen, wenn sich des Königs Wille mit des Staates Grundgedanken im Einklang befindet usw.

Mit einem Wort: die Parlamente, die heftigsten Gegner jeder Reform, bekennen sich zu Reformideen. Daß sie es aus der Not der Stunde heraus als geschickten Gegenzug gegen die Reformen der Krone tun, ist klar. Sie rechnen damit, daß ihre Reformen als eingesessene Gewalt gegenüber den Reformen der Krone, die mit einem Willkürakt eingeleitet werden, zugkräftiger sind.

So bringt denn der Lamoignonsche Staatsstreich zwei wesentliche Resultate hervor, die einen großen Fortschritt bedeuten:

Krone wie Parlament erkennen dadurch, daß sie Reformen freiwillig bewilligen, an, daß die bisher bestehende Ordnung verbesserungsbedürftig ist und stärken damit die Opposition in ihren Forderungen.

---

93) Moniteur, Introductions, p. 312.

94) Vgl. dazu das Urteil von Du Boys, der, obwohl Ludwig XVI. ergeben, diese zögernde Haltung verurteilt und sie als Schwäche bezeichnet; Du Boys, loc. cit., t. II, p. 259.

II. Die Stellung des Richters in den Forderungen der Generalstände.

Um der ungeheuren Finanznot zu steuern, traten am 5. Mai 1879 die Generalstände (états généraux) zusammen, die seit 1614 nicht mehr einberufen worden waren. Sie werden zum Ausdruck der allgemein gärenden Volksstimmung.

Nach einer alten Einrichtung geben die Wählerkorporationen den Abgeordneten ihre Instruktionen und Wünsche schriftlich in »cahiers«. Dieser Brauch wird auch jetzt wieder gehandhabt. In den Vorträgen der Abgeordneten hören wir also das Volk sprechen und bekommen zugleich ein Bild davon, wie weit in der Tat die neuen Ideen in den breiten Volksmassen über die Verbesserungen der Strafrechtspflege Fuß gefaßt haben. Hier wird im großen und ganzen klar die Stellung des Richters gezeichnet, wie sie eine Reform festlegen soll.

Wir betrachten die »cahiers«, die sich mit der Stellung des Richters beschäftigen, wiederum von dem doppelten Gesichtspunkt, nämlich, so weit sie den Richter »in der Auswahl und im Ausmaß der Rechtsfolgen« und

»in der Abgrenzung der strafrechtlichen Tatbestände«

festlegen.

Als Quellen kommen in Betracht:

Desjardins, Les cahiers des états généraux de 1789;

Champion, La France d'après les cahiers de 1789.

Zunächst werden die Mißstände einer Kritik unterzogen. Klar und deutlich spricht der Tiers von Rochelle die Ansichten seines Wahlkreises aus: [1])

»Il est révoltant que, après un crime commis de complicité par un noble et un roturier, l'un soit déshonoré par la peine capitale qu'a subie son père, tandis que le fils du noble peut attester, comme un titre probatif de la noblesse de son extraction, le supplice du sien.«

Dasselbe sagt der Tiers von Château-Thierry:

»Il est injuste que de deux coupables du même crime, *le supplice de l'un soit pour ainsi dire un titre d'honneur de la famille* et que *le supplice de l'autre pour la sienne une marque ineffacable, d'approbre et d'infamie* [2]).« Leute, die so offen reden, tragen auch kein Bedenken, ebenso offen ihre Reformvorschläge auszusprechen. Der Bann ist gebrochen, die Tage des unterwürfigen Schweigens sind vorbei. Das Volk weiß, daß seine Zeit gekommen ist, und daß es

---

[1]) Champion, La France d'après les cahiers de 1789, p. 131.

[2]) Desjardins, Les cahiers des états généraux de 1789, p. 27 ff.

an ihm liegt, eine Neugestaltung vorzunehmen. Von jetzt ab kann man den Beginn der Revolution rechnen.

Einstimmig fordern die »Stände«, vor allem der dritte, die Abschaffung der richterlichen Willkür in der Aufstellung der Strafen. Sie sollen gegenüber den Delikten genau graduiert und proportioniert sein [3]).

Die Stadt Vienne will lieber einen Schuldigen freigesprochen haben, als ihn mit einer Strafe belegt sehen, die nicht im Gesetz ausgesprochen ist [4]).

Die Wünsche des Adels von Nantes [5]) sind folgendermaßen zusammengefaßt:

> »Nous prescrivons au député de déclarer d'abord, quant aux personnes: 1° qu'un individu ne pourra être condamné à aucune peine sinon pour une violation grave du droit d'un autre homme ou de celui de la société, et à moins que la peine n'ait été décernée d'avance contre cette violation, par une loi précise et légalement promulguée .....«

Es ist eigentümlich, daß gerade der Adel derartige Wünsche vorbringt. Der Abbé Sièyes hatte in seiner Schrift »Qu'est-ce que le Tiers-État?« mit Recht gesagt:

> »C'est une chose remarquable que la cause du Tiers ait été défendue avec plus d'empressement et de force par des écrivains ecclésiastiques et nobles que par les non-privilégiés euxmêmes.«

Wiederum ist es der Adel, der verlangt, daß jeder Richter, der die Strafe weiter ausdehnt als das Gesetz es zugibt, hart bestraft werden soll. Er soll angeklagt werden der »lèse-humanité«, degradiert und seines Amtes enthoben werden [6]):

> »Que tout juge qui, après un arrêt de condamnation porté, oserait étendre la peine arbitrairement et faire subir à l'accusé un genre de supplice et d'opprobre auquel l'arrêt ne l'aurait pas condamné soit déclaré coupable de lèse-humanité, dégradé, déchu de son emploi et incapable d'en exercer aucun à l'avenir.«

Der Adel von Quesnoy drückt sich folgendermaßen aus: [7]):

> »Qu'aucune peine capitale ne punisse être infligée arbitrairement et après l'exemple d'arrêts rendus par d'autres juges en

3) Desjardins, Les cahiers des états généraux de 1789, p. 25; siehe p. 78, Tiers de Draguignau.

4) Desjardins, loc. cit., p. 110.

5) Sièyes, Qu'est-ce que le Tiers-État? chap. III, § 3, cit. bei Desjardins, p. 27.

6) Desjardins, loc. cit., Noblesse de Dourdan, p. 331.

7) Desjardins, loc. cit., p. 317.

circonstances pareilles, il n'y aura dès ce moment de jugements rendus qu'en conséquence du texte littéralement suivi d'une loi écrite«.

Auch die Geistlichkeit, vor allem die niedere, fordert Reformen. So verlangt die Geistlichkeit von Anxerre, man solle verschwinden lassen[8])

»la différence des supplices entre citoyens, l'égalité sur ce point étant au moins aussi précieuse qu'en fait d'un pots.«

Die Städte fordern hinsichtlich der Auswahl und des Ausmaßes der Rechtsfolgen zunächst eine Festlegung in Gesetzen. Daneben aber weisen ihre Aussprüche darauf hin, wie die Festlegung beschaffen sein soll. Man will den Richter lediglich zu einem unbeseelten Werkzeug machen. Der Ausspruch des Adels von Quesnoy zeigt das deutlich: eine Strafe dürfe nur auf Grund eines Gesetzestextes ausgesprochen werden und zwar »littéralement suivi« [9]).

Überall da, wo wir den Wunsch finden, die Richter sollen sich an den Buchstaben des Gesetzes halten (»à la lettre de la loi«), ist damit ausgedrückt, daß die Gesetze genau bis ins einzelne Fall für Fall die Strafe vorschreiben möchten, damit der Richter sie nur auszusprechen, d. h. abzulesen brauche. Man vergleiche hierzu den Wunsch des 3. Standes von Bordeaux [10]):

»Qu'il soit statué que les juges soient tenus de se conformer à la lettre de la loi sans pouvoir s'en écarter sous aucun prétexte.«

Dasselbe sagen die cahiers der Geistlichkeit von Chatellerault [11]), die noch hinzufügen:

»sans la pouvoir modifier ou interpréter, abus qui règne depuis longtemps.«

Dieser Wunsch bezieht sich zwar auch auf die richterliche Ermessensfreiheit in der Abgrenzung der Tatbestände, ist aber ebenso für die Begrenzung der Machtstellung des Richters in der Auswahl und im Ausmaß der Strafen gedacht. Dieselbe Doppelstellung nimmt der Ausspruch der Geistlichkeit von Châlons-sur-Marne ein [12]):

»En conséquence qu'on interdise à tous les juges soit supérieurs, soit inférieurs, l'usage de ce qu'ils appellent la jurisprudence de la cour, qui les rend arbitres de la loi, lorsqu'il ne devraient en être que les organes.«

Montesquieus Ideen über die Festlegung und Bindung des Richters beherrschen die cahiers.

---

[8]) Champion, loc. cit., p. 131, Abs. II.

[9]) S. o.

[10]) Desjardins, loc. cit., p. 316.

[11]) Desjardins, loc. cit., p. 316.

[12]) Desjardins, loc. cit., p. 5.

Nicht minder klar tritt der Wunsch nach Abgrenzung der richterlichen Gewalt hinsichtlich der Tatbestände auf. — Zwar haben die Abgeordneten, wenn sie davon sprechen, daß die Gesetze genau sein sollen, sicher meistens an die Folgen der Tatbestände, die Strafen, gedacht. Doch finden wir auch Aussprüche, die bewußt auf eine Abgrenzung der Tatbestände hinaus wollen.

> »Déterminer exactement les crimes, délits et peines, de manière que tout le monde puisse connaître ses devoirs et le danger de les enfreindre.«

fordert die Geistlichkeit von Bassigné [13]).

Wenn man dies liest, glaubt man, es spräche ein moderner Strafrechtler [14]). Der Unterschied ist nur der, daß der heutige Strafrechtler an all die Feinheiten in den Tatbeständen denkt, die dem Richter freies Ermessen gewähren, während es den Männern der damaligen Zeit darum zu tun war, daß überhaupt Tatbestände festgelegt würden. — Interessant ist das, was die 3 Stände von Montfort-l'Amaury vorbringen:

> »que l'on détermine d'une manière précise ce qui est crime de lèse-majesté et que l'on établisse quels sont les crimes de lèse-nation [15]).«

Sie denken an die Vergangenheit und wissen, daß gerade das Majestätsverbrechen es war, das eine so furchtbare Ausdehnung nahm, da es nirgends genau bestimmt war und wollen sich für die Zukunft vorsehen.

Die »communauté de Mirabeau« verlangt:

> »qu'il ne soit rien laissé à l'arbitraire des juges, lesquels motiveront leurs jugements... [16]).«

Vor allem aber soll verboten sein, das Gesetz zu kommentieren und zu interpretieren vermittels alter Gesetze und, wenn der Fall eintreten solle, daß bestimmte Tatbestände nicht geregelt sind, so solle man sich an den König und die Generalstände wenden, damit sie das Gesetz ergänzen:

> »qu'il soit défendu de commenter la loi ou de l'interpréter par les lois anciennes, mais, que dans les cas non prévus, on soit tenu de se retirer, par devers le Roi et les États-généraux, pour qu'il soit fait un article de loi à titre d'addition au code [17]).«

---

[13]) Desjardins, loc. cit., p. 78.

[14]) Vgl. Grünhut, Die Stellung des Richters im künftigen deutschen Strafrecht, S. 1: »... den Bürger, der im Rechtsstaat vom Gesetz Klarheit darüber verlangen, was er tun und lassen darf«.

[15]) Desjardins, loc. cit., p. 101.

[16]) Desjardins, loc. cit., p. 194.

[17]) Desjardins, loc. cit., p. 194.

Nicht selten hört man verlangen, es möge jeder Kommentar überhaupt verboten werden [18]. Man fällt in das andere Extrem.

So soll der Richter also in doppelter Weise auf das engste gebunden sein, in dem Ausmaß und in der Auswahl der Rechtsfolgen soll er zum unbeseelten Werkzeug herabsinken, in der Abgrenzung der Tatbestände soll er weder interpretieren noch kommentieren dürfen, ganz wie es Montesquieu verlangt hat. Man darf gespannt sein, wie diese Ideen in dem Moment, in dem die Legislative zusammentritt, in dem Code pénal verwirklicht werden.

Vorher müssen wir jedoch noch auf ein Institut zu sprechen kommen, das bei den Wünschen der Stände eine große Rolle spielt und auf die Stellung des Richters in der Folge von bedeutendem Einfluß ist, die Geschworenen. Montesquieu hatte auf die Einrichtung der Geschworenen in England verwiesen und sie als das sicherste Mittel bezeichnet, um jeder richterlichen Willkür vorzubeugen. In den Aussprüchen der Stände sieht man nun, daß die Forderung nach Geschworenen nicht lediglich ein bloßes Nachbeten Montesquieuscher Lehren ist, sondern daß es die Angst vor dem einzelnen Richter ist, in dessen Hand Leben und Eigentum liegt, die zu diesem Institut hintreibt. Geschworene hat für die Stände zunächst nicht den Sinn der Männer aus dem Volk, sondern den Sinn der mehreren:

»Il faut un nombre plus considérable de juges [19],«

sagt der Tiers von Saint-Sever.

Das Mandat des 3. Standes von Amiens ist in folgende Worte zusammengefaßt [20]:

> »Les députés demanderont que tout procès criminel ne puisse être jugé en première instance par moins de cinq juges, en dernier ressort par moins de onze.«

Diese mehreren Richter bezeichnet man mit »pairs«. Erst allmählich wird »pairs« = »jurés« gesetzt und bekommt dann den Sinn der Männer aus dem Volk. Die »cahiers« von Neuilly-sur-Marne setzen die beiden Worte ausdrücklich einander entgegen [21]:

> »Que chacun soit jugé par des pairs, ainsi que c'était l'usage ancien de la France ou par des jurés, comme cela se pratique en Angleterre.«

In den Wünschen von Saint-Sever bedeuten »jurés« und »pairs« dasselbe. Es wird hier gefordert [22]:

---

[18]) Tiers de Marseille, Desjardins, loc. cit., p. 194.

[19]) Desjardins, loc. cit., p. 240.

[20]) Desjardins, loc. cit., p. 240.

[21]) Desjardins, loc. cit., p. 240.

[22]) Desjardins, loc. cit., p. 239.

»Le rétablissement du jugement des Pairs autrefois en usage en France et connu aujourd'hui sous la dénomination de procédure par jurés.«

Die Einrichtung der Geschworenen selbst hält man für das einzige Mittel, um die Unschuld zu verteidigen:

»Le véritable moyen de défendre l'innocence et la liberté contre l'arbitraire de tous les jugements à la fois [23]).«

Zwar haben die Wähler vom 3. Stand von Paris intra-muros [24]) ihren Abgeordneten beauftragt, die Mittel und Wege zu finden, um die Einrichtung der Geschworenen in der Gesetzgebung einzuführen — welche Befugnisse aber die Geschworenen haben sollen, darüber drücken sich die Generalstände nur spärlich aus. Vorsichtige Leute sagen [25]):

»Nous croyons qu'il serait infiniment avantageux d'instituer ce jugement par jurés, tel que nous avons oui dire qu'il se pratique en Angleterre.«

Man findet meistens die allgemeine Bemerkung [26]):

»que la procédure s'instruise par le concours des juges ordinaires de l'accusé et de douze de ses pairs assermentés.«

Klar, freilich unbewußt, zeichnet die Stellung der Geschworenen nur eine geringe Anzahl von Ständen [27]). Nach ihnen ist es notwendig, daß die Geschworenen sich aussprechen.

»Uniquement et exclusivement sur le fait, et que les cours de justice n'aient plus à prononcer que sur le droit et qu'à appliquer la peine textuellement définie par cette même loi.«

Man glaubt dabei, daß eine genaue Durchführung der Trennung von »fait« und »droit« möglich ist [28]).

»En matière criminelle le jugement du fait sera toujours séparé du jugement du droit.«

Über den Doppelsinn von »fait«, den wir bei der Behandlung der Geschworenen darlegen werden, haben sich die États-généraux wenig Gedanken gemacht.

Das Wesentliche an den gesamten Äußerungen der Generalstände ist, daß die Ideen der Philosophen über die Reform einer Strafgesetzgebung zusammengefaßt und zum erstenmal von einer autoritativen

---

[23]) Desjardins, loc. cit., p. 241, Noblesse D'Étain.

[24]) Desjardins, loc. cit., p. 241.

[25]) Desjardins, loc. cit., p. 242/43.

[26]) Desjardins, loc. cit., p. 244. Noblesse de Dourdan; Melun, Tiers; Montargis nob.; Versailles, Tiers; Paris-hors-les-murs, Tiers, Sect; IV. Vgl. auch den Tiers-État de 58 baillage; Ville de Paris, cahier du Tiers, III, 163.

[27]) Desjardins, loc. cit., p. 244.

[28]) Desjardins, loc. cit., p. 244. Ville de Paris, cahiers de Tiers, III, p. 163; Tiers-État de 58 baillage.

Körperschaft ausgesprochen wurden, von einer Körperschaft, die im wesentlichen vom 3. Stand, dem Volke — im Gegensatz zu Adel und Geistlichkeit — beherrscht wurde, der es fertig brachte, Teile des Adels und der Geistlichkeit auf die neuen Ideen festzulegen. Der 3. Stand war der ausschlaggebende und beherrschende Faktor [29]). Es hatte sich jetzt klar gezeigt, daß der Wunsch nach einer Strafrechtsreform Allgemeingut geworden war. Gleichzeitig waren die Richtlinien, in denen sich die Reform des Strafrechts vollziehen sollte, hinsichtlich der Stellung des Richters, um die sich alles drehte, in ihren großen Zügen festgelegt worden. Die »cahiers« der Generalstände sind der Abschluß einer großen Epoche, das politische Testament des alten Frankreich an die neue Zeit.

[29]) Weber, Lehrbuch der Weltgeschichte, Bd. II, S. 431.

Die Stellung des Strafrichters in den Gesetzen der französischen Revolutionszeit (1791—1810).

I. Die richterliche Ermessensfreiheit in der Auswahl und im Ausmaß der Rechtsfolgen im Code pénal von 1791.

Aus den Generalständen wurde durch einen kühnen Streich des 3. Standes, der sich selbst zur Nationalversammlung erklärte und am 17. Juni 1789 die anderen Stände zum Beitritt einlud, die konstituierende Versammlung. Ein ungeheures Kraftbewußtsein steckt in diesem 3. Stand, der mit aller Macht eine Neugestaltung der Dinge anstrebt. Bekannt ist der Ausspruch seines Führers Mirabeau an den Abgesandten des Königs nach dem Schwur im Ballhause:

> »Sagen Sie Ihrem Herrn, daß wir hier sind kraft der Macht des Volkes (= 3. Stand), und daß man uns nur durch die Gewalt der Bajonette wegtreiben wird!«

Am 4. August 1789 erläßt die Nationalversammlung die Erklärung der Menschenrechte. Fundamentale Sätze wurden hier hinsichtlich der Stellung des Richters geprägt, die überall in allen Rechtsstaaten bleibende Geltung behalten.

Artikel 7 der Erklärung bringt den Grundsatz:

> »Nul ne peut être accusé, arrêté ni détenu que dans les cas déterminés par la loi et selon les formes qu'elle a précrites, ceux qui sollicitent, expédient, exécutent ou font exécuter des ordres arbitraires, doivent être punis; mais tout citoyen appelé ou saisi en vertu de la loi, doit obéir à l'instant; il se rend coupable par la résistance.«

Und im Artikel 8 heißt es:

> »La loi ne doit établir que des peines strictement nécessaires et nul ne peut être puni qu'en vertu d'une loi établie et promulguée antérieurement au délit et légalement appliquée.« etc.

Hier wird das, was bei den Generalständen als Wünsche vorgebracht wurde, verfassungsmäßig verankert — der neue Code pénal muß nunmehr auf diesen Prinzipien ruhen.

Die Nationalversammlung unternahm sofort den Versuch, ein Strafgesetzbuch zu schaffen. Es wurde ein Komitee bestimmt, bestehend aus Briois Beaumetz, Freteau, Tronchet, Le Berthon, Thouret, Target et Lally-Tollendal [1]), das mit dem 15. Sept. 1789 seine Arbeit begann. Es umfaßte:

3 Beamte, alle drei Abgeordnete des Adels, nämlich:

De Briois Beaumetz, 1. Präsident im Conseil von Artois,
Freteau, Rat im Parlament von Paris,
Le Berthon, 1. Präsident im Parlament von Bordeaux;

3 Advokaten:

Tronchet, Advokat im Parlament von Paris,
Thouret, ein sehr geachteter Advokat in Rouen, und
Target, wiederum Advokat in Paris und Rat im Conseil souverain de Bouillon;

alle drei Abgeordnete des 3. Standes und
Lally-Tollendal, ein alter Kürassierhauptmann und Abgeordneter des Adels.

Alle huldigten den Ideen der Linken. Später [2]) traten Verschiebungen ein, und es kamen vor allen Dingen 2 Männer in das Komitee, Pelletier de Saint-Fargeau, président à mortier (ehemal. Oberpräsident) im Parlament von Paris und Duport, Rat im selben Parlament. Von diesem Zeitpunkt ab ist die eigentliche Arbeit des Komitees zu rechnen, die überaus rasch vonstatten ging, denn schon am 23. Mai 1791, also 17 Monate später, wurde der Entwurf eines Code pénal von Pelletier de Saint-Fargeau, als Berichterstatter, der Nationalversammlung vorgelegt.

In der Zwischenzeit erließ die Nationalversammlung am 21. Okt. 1790 eine Anzahl von Reformen, um dringenden Bedürfnissen abzuhelfen:

Artikel I. — Les délits du même genre seront punis par le même genre de peine, quels que soient le rang et l'état des coupables.

Artikel II. — Les délits et les crimes étant personnels, le supplice d'un coupable, et les condamnations infamantes quelconques n'impriment aucune flétrissure à sa famille.

Artikel III. — La confiscation des biens des condamnés ne pourra jamais avoir lieu ni être prononcée en aucun cas.

Artikel IV. — Le corps d'un homme supplié sera delivré à sa famille, si elle le demande; dans tous les cas, il sera admis à la sépulture ordinaire, et il ne sera fait sur le régistre aucune mention du genre de mort.

---

[1]) Arch. Parl., t. VIII, p. 641.

[2]) Am 23. Januar 1790. Vgl. Arch. Parl., t. XI, p. 288.

Wenn wir im folgenden nunmehr auf die Revolutionsgesetzgebung eingehen, so geschieht dies wiederum hinsichtlich der Stellung des Richters unter dem doppelten Gesichtspunkt: inwieweit er das Ausmaß der Rechtsfolgen bestimmen darf, und inwieweit seine Befugnis in der Abgrenzung der Tatbestände festgelegt ist. Wir werden dabei die Revolutionsgesetzgebung von 1791—1810 als eine Einheit behandeln und so zunächst die Stellung des Richters, soweit sie seine Befugnis, die Rechtsfolgen zu bestimmen, festlegt, durch die ganze Periode hindurch verfolgen und nicht nach einem bestimmten Abschnitt, etwa nach der Festlegung der richterlichen Stellung im Ausmaß der Rechtsfolgen im Code von 1791, sofort seine Befugnis hinsichtlich der Abgrenzung der Tatbestände bringen.

Am 23. Mai 1791 legt Pelletier de Saint-Fargeau den Entwurf eines Code pénal vor. In einer längeren Begründung setzt er die Ansichten, die bei seiner Anfertigung maßgebend gewesen sind, auseinander. So finden wir dieselben Gedanken, die Montesquieu, die übrigen Aufklärer und die Generalstände ausgesprochen, hier wieder und zwar in die Praxis umgesetzt. Hatte Montesquieu [3]) gesagt:

> »A Rome, les juges prononçaient seulement que l'accusé était coupable d'un certain crime; et la peine se trouvait dans la loi comme on le voit dans diverses lois qui furent faites. En Angleterre, les jurés décident si le fait qui a été porté devant eux est prouvé ou non; *et s'il est prouvé, le juge prononce la peine que la loi inflige pour ce fait*; *et pour cela, il ne lui faut que des yeux.*«

so sagt Pelletier de Saint-Fargeau: [4])

> »Il est un autre caractère que vos précédents décrets rendent inséparable de toute loi pénale, *c'est d'établir pour chaque délit une peine fixe et détérminée.*«

Fast genau so wie Montesquieu legt er die Stellung des Richters in seinem Gesetzesvorschlag fest: [5])

> »Il faut qu'il ouvre la loi et qu'il y trouve une peine précise applicable au fait déterminé, son devoir est de prononcer cette peine.«

In dem Entwurf findet sich denn auch für jedes Delikt eine ganz genau festgelegte Strafe [6]).

---

3) Montesquieu, Esprit des Lois, liv. VI, chap. III.

4) Arch. Parl., t. 26, p. 322.

5) ibidem.

6) Arch. Parl., t. 26, p. 336 ff; vgl. II. partie, titre Ier; ferner Ière section du titre Ier, art. I—VI; II^ieme^ section du titre Ier, art. 1—5 etc.

Der Richter wird zu einem bloß automatischen Werkzeug. Das ist zweifellos die einfachste Art, um richterliche Willkür zu unterdrücken. Hier hat man das Ideal der damaligen Zeit, das Montesquieu und den Generalständen vorgeschwebt hat — Gleichmäßigkeit in der Rechtsprechung, vom Gesetzgeber kontrolliert — durchzuführen versucht.

Ein derartiger Versuch legt natürlich dem Gesetzgeber die Notwendigkeit auf, eine große Menge von Einzelfällen vorzusehen und für jeden bis ins einzelne abstufend eine Strafe zu bestimmen. Das sieht auch Pelletier ein, und das ist ihm eine der schwierigsten Aufgaben: [7])

> »Voilà, Messieurs, une des grandes difficultés de la tâche que vous nous avez imposée. Nous ne nous flattons pas même d'avoir pu la surmonter totalement, car il est borné même pour le génie inventif d'un tyran.«

Er will sie so lösen, daß er nur die hauptsächlichsten Züge der einzelnen Delikte herausstellen will: [8])

> »Il nous a paru que le mieux dont il fallait se contenter, c'était de saisir dans les délits les traits les plus prononcés et les plus marquants, soit d'immoralité, soit de danger pour l'ordre social, sans prétendre atteindre la perfection chimérique d'un travail qui spécifiât toutes les formes sous lesquelles peuvent se manifester les effets de la méchanceté des hommes.«

Die Prinzipien, die Pelletier im Namen des Kommitees darlegt, werden von der Nationalversammlung angenommen. Am 6. Oktober 1791 wurde der neue Code verkündet, 16 Monate hatte seine Vorberatung, etwa 4 Monate seine Diskussion vor der Nationalversammlung gedauert, eine erstaunliche gesetzgeberische Leistung, die nur zu erklären ist durch den Schwung idealer Begeisterung, mit der man die Schaffung des Gesetzbuches in die Hand nahm. Gleichzeitig aber trägt dazu der Umstand bei, daß es den Männern der Nationalversammlung lediglich darauf ankam, daß die großen politischen Forderungen der neuen Zeit in den Gesetzen, die sie schufen, enthalten waren, und nur dazu nahmen sie Stellung. Alles andere überließen sie den Komitees und nahmen ihre Vorschläge fast ohne Diskussion an. Waren nun Köpfe wie Pelletier de Saint-Fargeau in den Komitees ausschlaggebend, so entstanden — wir werden bei der Prüfung der Tatbestände kurz darauf zurückkommen — gesetzgeberische Leistungen, die wir mit Recht bewundern.

Der Code pénal von 1791 ruht also hinsichtlich der Stellung des Richters im Ausmaß der Rechtsfolgen auf der Grundlage der »peines

7) Arch. Parl., t. 26, p. 322 ff.

8) ibidem.

fixes«. Er behandelt lediglich die Tatbestände von Verbrechen; soweit es sich um Vergehen handelt und um einzelne Polizeidelikte, stellt der Code vom 19.—22. Juli 1791 ein Maximum und ein Minimum auf, zwischen denen sich der Richter bewegen kann. Es ist das eine sehr bedeutsame Maßnahme für die Folgezeit und die Fortentwicklung. Von der vollkommen veränderten politischen Gesamtstellung war man zur Bindung des Richters überhaupt übergegangen. Diese große innere Umstellung, die in jedem Richter-Beamten, der nur etwas Ermessensfreiheit besitzt, notwendigerweise den Tyrannen sieht, ist einer der Hauptgründe, die zu dem Extrem der »peines fixes« führen.

Die notwendige Folge der »peines fixes« ist das Fehlen jeder Individualisationsmöglichkeit. Es ist dies der große Widerspruch, der durch die Ideen jener Zeit geht, verglichen mit den Reformen, die gefordert und auch ins Werk gesetzt werden. Alles ist in der damaligen Zeit vom Standpunkt des Individuums aus aufgefaßt und erklärt. Der Staat wird vom Individuum abgeleitet; überall spielt das Einzelwesen die maßgebende Rolle. Zweifellos war auch dieser Standpunkt vorherrschend bei der Schaffung der *»peines fixes«*. Man wollte das Individuum schützen gegen die Willkür der Richtergewalt, merkt dabei aber nicht, daß man durch *»peines fixes«*, die eine gleiche Verantwortlichkeit für alle von vornherein festsetzen, ihm den größten Schaden zufügt und den eigenen Ideen in ihrer Konsequenz untreu wird.

Einen einzigen Fall der Individualisierung finden wir im Code pénal von 1791. Es handelt sich hier um den Jugendlichen, der noch nicht das Alter von 16 Jahren erreicht hat. Wenn er ein Verbrechen begangen hat, dann muß die Jury entscheiden, ob er das Verbrechen mit oder ohne »discernement« (Unterscheidungskraft, das Gute oder Böse einzusehen) begangen hat. Entscheidet die Jury, daß er ohne »discernement« gehandelt hat, wird er freigesprochen. Das Gericht kann aber gemäß den Umständen bestimmte Maßnahmen anordnen: ihn seinen Eltern zurückgeben oder in ein Korrektionshaus bringen lassen, um erzogen und so viel Jahre, wie das Urteil bestimmt, dort festgehalten zu werden; die Anzahl von Jahren darf sich jedoch nicht über die Zeit, in der er sein 20. Jahr erreicht hat, erstrecken [9]).

Man sieht hier den ersten Kern einer individualisierenden Behandlung, denn, um die Unterscheidungskraft des Angeschuldigten

9) Dupin, loc. cit., Code pénal von 1791, titre V: De L'influence de l'âge des Condamnés sur la nature et la durée des peines.

abzuschätzen, muß die Jury sich notwendigerweise ein genaues Bild über den Angeklagten und den Grad seines geistigen und moralischen Zustandes verschaffen. Ebenso muß der Richter, wenn er sich schlüssig wird, ob er den Jugendlichen seinen Eltern zurückgeben oder in ein Besserungshaus bringen lassen soll, auf den Schuldigen eingehen und seinem Wesen gemäß die betreffende Maßnahme anordnen. Hat der Jugendliche mit Unterscheidungskraft gehandelt, so treten bestimmte Strafmilderungen ein (s. Art. 3 dess. titre), die Besserungszweck haben.

Aus welcher Quelle das Komitee bei der Aufstellung dieser Grundsätze geschöpft hat, ist nicht bekannt; es scheint eine originelle Schöpfung zu sein, die aus dem Rahmen des Geistes, der die übrigen Gesetze beherrscht, herausfällt.

Sinn und Zweck der Strafe.

Um den eben dargelegten Mangel jeder allgemeinen Individualisation im Code von 1791 mit seinen »peines fixes« und gleichzeitig diese selbst vollkommen zu verstehen, muß man die Gedanken, die sich die Männer der Nationalversammlung über Wesen und Zweck der Strafe machten, noch kennen lernen. Hierin liegt der Grund, aus dem man die absolute Bindung des Richters in »peines fixes« vornehmen konnte, ohne sich auch nur irgendwie Gedanken über die darin liegende Ungerechtigkeit zu machen.

Bei der Diskussion über die Abschaffung der Todesstrafe treten sie besonders deutlich hervor.

Pelletier de Saint-Fargeau [10]) verlangt, daß jedes Strafgesetz human sein soll. Wenn auch gemäßigt, können die Strafen doch von Wirksamkeit sein, wenn sie richtig abgestuft sind. Sie sollen repressiv sein, die Verbrechen einschränkend, verhütend wirken und den Schuldigen besser machen [11]). Doch tritt der Gedanke der »répression«, der Verhütung neuer Verbrechen, in den Vordergrund.

Prugnon [12]) vertritt folgende Auffassung:

> »Une des premières attentions du législateur doit être de prévenir les crimes. . . . .«
>
> »Il doit donc avoir deux buts, l'un d'exprimer toute l'horreur qu'inspirent de grands crimes, l'autre d'effrayer par de grands exemples. *Oui, c'est l'exemple et non l'homme puni, qu'il faut voir dans le supplice.*«

---

[10]) Arch. Parl., t. 26, p. 326.

[11]) Arch. Parl., t. 26, p. 619.

[12]) Er meint wohl im subjektiven Sinne und nicht im Sinne von Jousse.

Also schroffer Abschreckungsstandpunkt!

Robespierre [13]) steht auf dem Boden der Abschreckung:

»Le moyen le plus efficace de réprimer les crimes, est d'adapter les peines au caractère des différentes passions qui les produisent.«

Petion [14]) unterscheidet einen doppelten Strafzweck:

Er fragt:

1. »Quel est le but essentiel des peines par rapport aux individus? De corriger l'homme et de le rendre meilleur.«
2. »Quel est le but essentiel des peines par rapport à la société? D'intimider par l'exemple les hommes.«

Den Besserungszweck, der anscheinend auch hier in subjektivem Sinne aufgefaßt wird, verbindet er mit dem Gedanken der Vorbeugung, der Einschüchterung.

Es sind Nützlichkeitserwägungen, die hier [15]) maßgebend wirken, zusammenfassend sagt es am besten Mougins de Roquefort:

»L'utilité publique, le bien général, celui de la société entière, tels sont les puissants intérêts qui commandent des sacrifices à la sensibilité.«

Die Philosophen hatten das Prinzip des Nutzens in ihrem vom Urvertrag abgeleiteten Staat als maßgebend aufgestellt. Der Gedanke, daß man in diesen Grenzen dem Verbrechen zuvorkommen müsse, ist oft genug von ihnen dargelegt worden.

»Das Interesse der Menschen und eine nur auf äußere Vorteile und kalte Berechnung hingewendete Natur war es, die man zugrunde legte.« [16])

Den Gedanken der Vergeltung (Sühne) hatte man fallen lassen und an seine Stelle den Nützlichkeitszweck gesetzt.

So sind denn auch die Strafen, obwohl im Vergleich mit früher gemildert, immer noch äußerst hart: die vorsätzliche Vernichtung des Beweises des Personenstandes wird nach Art. 32 mit 12 Jahren »fers« (Gefangenschaft in Ketten) bestraft; der Diebstahl, der von 2 oder mehreren Personen ohne Waffen begangen wird, mit 4 Jahren »détention« (Gefangenhaltung) (Art. 22); dasselbe Delikt, begangen mit Feuerwaffen, mit 4 Jahren »fers« (Art. 23); der betrügerische Bankerott, in der Absicht, die Gläubiger zu täuschen, zieht 6 Jahre »fers« nach sich; die Gehilfen werden wie die Täter bestraft, vgl. Art. 1—4, titre III [17]).

---

[13]) Arch. Parl., t. 26, p. 619.

[14]) Arch. Parl., t. 26, p. 641.

[15]) Arch. Parl., t. 26, p. 637.

[16]) I. C. A. Mittermaier, Blicke auf den Zustand der Ausbildung des Kriminalrechts in Frankreich, KrVJSchr., Bd. III, S. 419.

[17]) Vgl. Dupin, Lois criminelles, Recueil, Paris 1821.

Das Interessante an dem Wechsel der Ideen über Sinn und Zweck der Strafe ist, daß Frankreich von einem willkürlichen Strafrecht generalpräventiver Abschreckung sofort zu einem humanisierten, gesetzlich geregelten, liberalistischen, generalpräventiven Abschreckungsstrafrecht überging. Es fehlt also hier die Epoche, in der ein im wesentlichen spezialpräventives Strafrecht mit starker Tendenz zur Individualisierung herrscht, die Epoche des aufgeklärten Polizeistaates, wie sie in Preußen durch das ALR. bezeichnet wird. [18]) Demgemäß tritt ja auch der Besserungszweck hinter den Nützlichkeitszwecken so stark zurück.

Die Unterdrückung der Gnade im Code pénal von 1791.

Wenn wir im folgenden aus den vielen umwälzenden Änderungen, die die Nationalversammlung an dem bisherigen Recht vornahm, zum Schluß der Betrachtungen über die Stellung des Richters im Code pénal von 1791 die Unterdrückung der Gnade zur kurzen Behandlung herausnehmen, so geschieht dies deshalb, weil in den Debatten, die sich hierum entspinnen, so viele wichtige Gedanken, die ein treffendes Bild auf den Geist der Nationalversammlung und ihre führenden Köpfe werfen, enthalten sind, die zur Ergänzung des Vorhergesagten dienen.

Die Vertreter des 3. Standes haben den Antrag gestellt, die Gnade abzuschaffen [18a]). Nach Eröffnung der Debatte nimmt zuerst der Sprecher der Royalisten, der Abbé Maury, einer der besten Redner der Königspartei, das Wort. Er erkennt an, daß mit den »lettres de grâce« viel Mißbrauch getrieben worden ist. Trotzdem hält er die Gnade für unbedingt notwendig. Sie ist die Prärogative des Königs. Er verweist auf England, wo man dem König das Recht der Begnadigung auch nicht genommen habe. Er führt an, daß sie oft ein großer Akt der Gerechtigkeit sei. Die Geschworenen könnten sich irren, aus Furcht oder Bestechung ein falsches Urteil sprechen, man habe ja schon so viele Vorsichtsmaßregeln in der Gesetzgebung, man könnte überdies ja, um jeden Mißbrauch zu vermeiden, die »lettres de grâce« einregistrieren lassen. Er appelliert an die Milde, die durch die grâce geübt werden könnte; er wirft ihnen vor, daß sie auf die Republik zusteuerten und führt ihnen vor Schluß noch einmal vor Augen, daß es ja gar nicht möglich

---

[18]) Vgl. Eberhard Schmidt, Die Kriminalpolitik Preußens unter Friedrich Wilhelm I. und Friedrich II., 1914, S. 28, 42 ff.; derselbe, Entwicklung und Vollzug der Freiheitsstrafe in Brandenburg-Preußen bis zum Ausgang des 18. Jahrhunderts, 1915. Ein Studium des französischen Gefängniswesens jener Zeit, eine Arbeit für sich, würde die Einzelbelege liefern müssen.

[18a]) Arch. Parl. t. 26 p. 726 ff.

wäre, die Gesetze in ihrer ganzen Strenge durchzuführen. Doch lassen wir Maury [19]) an einigen Stellen selbst sprechen:

»Il n'existe pas dans l'univers un monarque qui n'ait ce droit-là; et je ne sais pas, Messieurs, pourquoi on voudrait l'enveler au chef suprème de la première monarchie de l'univers. Quelle méfiance peut-on avoir avec les nouvelles précautions que vous avez prises pour organiser la législation criminelle; avec la résponsabilité des ministres; avec la précaution que vous pouvez prendre de faire enrégistrer les lettres de grâce, car les lettres de grâce en elles-mêmes n'ont jamais été exécutées sans être enrégistrées?«

»....... Messieurs, vous avez placé la loi sur la tête de tous les Français. La loi ne connaît que des principes généraux de tous les temps et de tous les lieux; mais souvent la loi générale n'est pas la justice particulière qu'on appelle souvent et avec raison, clémence, doit être mise en dépôt dans les mains du roi.«

»....... le roi n'ayant même pas le droit de commutation de peine, nous établissons un gouvernement républicain; nous séparons le roi de la Constitution, et nous faisons une grande faute, car notre intérêt est de le lier à la Constitution, et nous le rendons étranger à tout.«

»....... Remarquez que dans les occasions où les coupables sont très multipliés, dans l'insurrection d'une ville, d'un régiment par exemple, on eut bien fait d'accorder grâce par des lettres d'amnestie. Vous ne pouvez pas l'anéantir ce droit-là, parce qu'il est impossible dans plusieurs circonstances d'exécuter les lois à la rigueur.«

Seine Worte helfen nichts, zu tief ist das Mißtrauen gegen die »lettres de grâce«. Kurz und scharf entgegnet Duport:

»La prérogative du droit de faire grâce, remis entre les mains du roi, ne serait vraisemblablement, comme tous les autres actes qui émanent du pouvoir exécutif, que l'expression de ceux qui l'entourent habituellement.«

»....... Je disais donc que de la manière dont on envisage les choses et les personnes dans l'atmosphère du pouvoir exécutif, *je doute que la cause du peuple, celle des citoyens, fut la mieux écoutée.*«

Petion [20]) sagt, wenn man dem König das Recht der Gnade gewähre, so hieße das, wenn der Richter auf Grund eines Gesetzes gesprochen

[19]) Arch. Parl., t. 26, p. 726 ff.
[20]) Arch. Parl., t. 26, p. 734.

habe, dem König die Macht einräumen, sich über dies Gesetz zu erheben:

»de mettre sa volonté particulière au-dessus de la volonté générale .....«

Von diesem Gesichtspunkt aus müßte man die Frage behandeln.

Er führt dann folgenden Gedanken an: Wenn ein Mann unschuldig ist, braucht man keine »lettres de grâce«; wenn er schuldig ist, ist es eine große Ungerechtigkeit, ihm Gnade zu gewähren:

»... c'est un délit envers la société, c'est une infraction à la loi, car il n'appartient pas, dans un État libre, qu'aucun homme, qu'aucun corps, qu'aucun pouvoir de la loi.«

Im alten Recht habe man »lettres de grâce« verstehen können; gab es doch zahlreiche Delikte, die gar nicht im Gesetz vorgesehen waren. Heute sei das verschwunden, da, wo das öffentliche Wohl Gnade erfordere, könnten Gesetze diese Gnade vorsehen:

»Il ne faut pas des lettres de grâce, mais une loi précise.«

Es zeigt sich hier die große Überschätzung des Gesetzes. Pelletier de Saint-Fargeau nimmt ausführlich zu den »lettres de grâce« Stellung. Er sagt:

»Il s'agit uniquement ici d'abroger l'usage abusif des lettres de grâce.«

Auch er steht auf dem Standpunkt, daß man nicht den Schuldigen die ganze Strenge — in bestimmten Fällen — fühlen lassen dürfe. »Lettres de grâce« sind aber dazu nicht notwendig. In den Gesetzen selbst existiert das

»droit de miséricorde.«

Überall dahin, wo früher »lettres de grâce« gewährt wurden, sei das Gesetz getreten. So führt er an: wenn früher ein Mord begangen worden wäre und zwar »non volontairement«, so seien »lettres de grâce« gewährt worden; heute entscheide die Jury, ob die Tat vorsätzlich oder nicht geschah; im letzteren Fall spricht sie frei.

Im Fall der Notwehr gab es früher lettres de grâce, heute spricht die Jury in einem derartigen Fall frei.

Früher waren demjenigen, der nicht mit Überlegung tötete, lettres de grâce zugute gekommen, heute existiert im Code pénal eine Vorschrift, die diesen Fall trifft. (Vgl. Art. 8, II. partie, sect. I. des Code von 1791: L'homicide commis sans préméditation, sera qualifié meurtre, et puni de la peine de vingt années de fers — eine Milderung gegenüber den anderen Fällen.)

»Ainsi, la prévoyence de la loi se met encore ici à la place de l'arbitraire des lettres de grâce.«

Am Schluß seiner Ausführungen kommt er noch einmal auf die Geschworenen zurück. Er fragt:

> »Quelle est donc l'idée qu'on se forme des jurés? Ce sont des citoyens, c'est tout le pays .....«

Und wenn die Geschworenen gesprochen haben, wie kann man den König fragen, ob er das Urteil billige?

> »..... c'est alors qu'on vous propose de porter au roi la question de savoir s'il infirmera le jugement de tout le pays!«

Die Furcht, es möchten die früheren Zustände wieder erscheinen, war der eine große Gesichtspunkt, der die »lettres de grâce« verurteilen läßt. Daneben treten, namentlich bei Petion, die Ideen von Beccaria auf, der die Gnade als eine stillschweigende Mißbilligung der Gesetze ansieht. Gerade Petion verteidigt ja die Güte der neuen Gesetze über alles. Namentlich bei Pelletier kommt die Überschätzung der Geschworenen neben der Überschätzung der Gesetze zum Ausdruck. Daß die Geschworenen sich auch irren könnten, daran denkt niemand, etwas Derartiges wagt man überhaupt nicht in Betracht zu ziehen, und daß es neben den im Gesetz vorgesehenen Milderungen noch eine über dem Gesetz stehende Gnade geben soll, das geht gegen die geheiligten Prinzipien. Die Gesetze selbst sind gut und vollendet, davon sind die Männer der Assemblée Constituante überzeugt. Man glaubt auch hier wiederum, man würde dem Individuum die höchste Wohltat erweisen und ist sich nicht dessen bewußt, daß die Abschaffung der Gnade eine unerbittliche Härte bedeutet.

2. Die richterliche Ermessensfreiheit in den Gesetzen bis zum Jahre 1810.

Die Gesetzgebungsperiode von 1791 bis 1810 kennzeichnet sich durch das Bestreben, die Stellung des Richters hinsichtlich des Ausmaßes der Rechtsfolgen — unter Wahrung der Grundlagen der Rechtssicherheit — von den engen Banden des Code von 1791 wieder zu befreien.

Den Anfang macht die Militärgesetzgebung. Im Jahre III war ein Gesetz über die Befugnisse der Militärgerichte erlassen worden (loi du deuxième jour complémentaire de l'An III). Im Artikel 20 dieses Gesetzes heißt es:

> »Le Conseil de guerre prononcera sur tous les délits prévus au Code pénal militaire; il pourra cependant les commuer et même les diminuer suivant les cas où les circonstances en atténueront la gravité; il ne pourra jamais les augmenter.«

Der Richter wird hier ermächtigt, die Strafe umzuwandeln, wenn die Umstände es erfordern. Das ist ein vollkommener Bruch mit dem

Gedanken der »peines fixes«. Gleichzeitig sind in diesem Artikel die ersten Spuren der mildernden Umstände im französischen Recht enthalten.

Am 3. brumaire des Jahres IV trat der »Code des délits et des peines« in Kraft. Er enthielt in der Hauptsache Vorschriften über die Prozeßordnung, die in der »Instruction criminelle« vom 21. Oktober 1791 nur mangelhaft geregelt war. Doch finden wir darin auch eine Neuordnung materiellen Rechts, so z. B. der Hoch- und Landesverratsdelikte, wie sie den veränderten Verhältnissen unter dem Direktorium entsprechen (vgl. §§ 612—640), ebenso eine Neuordnung des Strafsystems.

Im übrigen bleibt, soweit der Code vom 3. brumaire des Jahres IV nicht eingreift, der Code vom 6. Oktober 1791 bestehen (vgl. Art. 610).

Der Code vom 3. brumaire scheint im Art. 646 die neue Theorie einer Strafmilderung durch die Richter allgemeiner fassen zu wollen:

»Lorsque le Jury a déclaré que le fait de l'excuse proposée par l'accusé est prouvé, s'il s'agit d'un meurtre, le tribunal criminel prononce ainsi qu'il est réglé par l'article 9 de la section première de la seconde partie du Code pénal.

S'il s'agit de tout autre délit, le tribunal réduit la peine établie par la loi, à une punition correctionnelle qui, en aucun cas, ne peut excéder deux années d'emprisonnement.«

Es folgt Art. 9 des Code von 1791, auf den der 1. Absatz des Art. 646 Bezug nimmt:

»Lorsque le meurtre sera la suite *d'une provocation violente*, sans toutefois que le fait puisse être qualifié homicide légitime, il pourra être déclaré excusable et la peine sera de dix années de gêne.......«

Bourguignon [21]) glaubt, daß hier die Möglichkeit einer allgemeinen Milderung besteht. Das Gericht braucht nur in den Umständen des Verbrechens einen Fall der Entschuldigung (excuse) zu sehen, ihn der Jury vorzulegen und diese ihn zu billigen, wie es Art. 433 des »Code des délits et des peines« vorschreibt:

»Lorsque les jurés ont déclaré que le fait de l'excuse proposée par le président dans la série des questions qui leur ont été remises, est prouvé, les juges prononcent, ainsi qu'il est dit dans le livre des peines.«

Es kann dann eine mildere Bestrafung herbeiführen. Man betrachtet hier das Wort »délit« im 2. Satz des Art. 646 nicht in dem sonstigen Sinn »Vergehen« sondern in dem weiteren Sinn »Delikt«, »Verbrechen« und sieht den 2. Satz als eine Fortsetzung des 1. an, bei dem es sich

[21]) Bourguignon, Loi pénale de France, t. II, p. 75.

um das Verbrechen des Mordes handelte. Genau so wie wir unter Verbrechen im weiteren Sinn jede strafbare Handlung verstehen, wird hier der Begriff des »délit« von seiner sonstigen Bedeutung losgelöst betrachtet. Man schließt dann folgendermaßen: für den Fall des Mordes wollte der Gesetzgeber die von ihm angegebene Behandlung (es sollte die Strafe auf 10 Jahre »gêne« herabgesetzt werden) selbst regeln und genau festlegen. Bei jedem anderen Verbrechen sollte die vom Gesetz aufgestellte Strafe in eine Gefängnisstrafe in den angegebenen Grenzen umgewandelt werden.

Das wäre allerdings ein allgemeines Mittel gewesen, die »peines fixes« des Code pénal von 1791 außer Kraft zu setzen und dem Richter wiederum eine ziemliche Macht in der Auswahl und im Ausmaß der Strafen zuzubilligen. Und in der Tat wurde diese Auffassung vom Kassationshof angenommen [22]).

Es zeigt sich hier nicht etwa das Bestreben der Gerichte, ihre Machtstellung zu verstärken. Das ist von ganz untergeordneter Bedeutung, sondern man will ein Mittel finden, um aus dem ganz unerträglichen und mit dem täglichen Leben unvereinbaren Zustand herauszukommen.

Nun trat aber ein Umstand ein, der den Kassationshof schleunigst wieder den beschrittenen Weg verlassen ließ: das Gericht war gezwungen, wenn der Angeklagte irgendeinen Umstand als »excuse« anführte, diesen der Jury vorzulegen und zu fragen, ob ein derartiger Umstand das Verbrechen entschuldbar mache. Die Jury erklärte nun so viele Umstände als fähig, das Verbrechen entschuldbar zu machen, daß der Kassationshof kein anderes Mittel, dem Übel abzuhelfen, wußte, als daß er sich hinsichtlich der Auslegung des Art. 646 auf einen vollkommen entgegengesetzten Standpunkt stellte. Er sagte: der Art. 646 gilt nur hinsichtlich der Verbrechen und zwar handele es sich lediglich um einen Fall der »excuse«, nämlich denjenigen, den der Code von 1791 aufgestellt habe, der eine »excuse de provocation violante« im Fall des »meurtre« vorsieht. Niemand habe ein Recht, neue Fälle der »excuse« zu erfinden [23]). — Hätte die Jury die ihr gegebene Freiheit mit Maß geübt, so hätte die Rechtsprechung schon damals vollkommen die »peines fixes« beseitigt und wäre zu dem Zustand gekommen, der viel fortschrittlicher war als das später allgemein eingeführte Maximum und Minimum. So konnten nur weitere Einzelreformen abhelfen.

---

[22]) Kass. 8 frimaire an VII (1791 an XII, I. partie, p. 135; vgl. Humbert, Théorie des circonstances atténuantes, p. 18.

[23]) Vgl. Humbert, loc. cit., p. 19.

Am 27. Germinal desselben Jahres erläßt das Direktorium ein Gesetz zum Schutz der republikanischen Staatsform sowie der öffentlichen und persönlichen Sicherheit. Hier wird zum ersten Male der Ausdruck »circonstances atténuantes« (mildernde Umstände) gebraucht. Gleichzeitig enthält das Gesetz eine große Stärkung der Staatsgewalt [24]). Die betr. Stelle am Schluß des Art. 1 lautet:

»La peine de mort sera commuée en celle de la déportation si le jury déclare, qu'il y a dans le délit des circonstances atténuantes.«

Am 28. Germinal desselben Jahres erklärt das Direktorium in einem Gesetz bestimmte, ihm lästige Handlungen der Presse zu Delikten. Wiederum verwendet es in seinen Strafbestimmungen die »circonstances atténuantes«, wiederum verbindet es damit eine Stärkung der Staatsgewalt, diesmal der des Richtertums. Die Strafbestimmung lautet:

»Si le jury déclare qu'il y a dans le délit des circonstances atténuantes, la peine prononcée par l'article précédent contre les personnes y dénommées pourra être commuée en une détention par forme de police correctionnelle qui ne pourra être moindre de six mois.«

Während die bisherigen Reformversuche sich lediglich auf die Sondergesetzgebung beschränkten und hier kleinere Vorstöße machten, greift die Reform vom 25. frimaire an VIII, die größte vor dem Code pénal von 1810, auf den Code selbst über. An seinem System wagt man allerdings noch nicht zu rütteln, und so geht man einen anderen Weg: Es werden eine Anzahl von Verbrechen, meistens Diebstahlsdelikte, aus dem Code von 1791 herausgenommen, zu Vergehen erklärt und den »tribunaux correctionnels« überwiesen. Damit bleibt das System des Code gewahrt. An ihnen nimmt man dann die Reform vor und zwar unter 2 Gesichtspunkten: bestimmte Strafen werden gemildert und für jede Straftat ein Maximum und ein Minimum festgesetzt, um dem Richter eine gewisse Freiheit zu geben.

Sprach der Code pénal von 1791 die Strafe von 8 Jahren »fers« aus für den Fall, daß ein Diebstahl begangen wurde

»avec effraction intérieure dans une maison, par une personne habitante ou commensale de ladite maison..... (Art. 8)«,

so setzte der Art. 2 diese Strafe auf 4 Jahre Maximum und 1 Jahr Minimum herab. Ebenso wurde in dem Fall, daß ein Diebstahl von mehreren gemeinsam begangen wurde, Art. 10 des Code von 1791, die Strafe im Gesetz vom 25. frimaire an VIII bedeutend herabgesetzt. Die wenigen Beispiele mögen genügen.

[24]) Und zwar der Geschworenengewalt als Staatsgewalt.

Das Maximum und Minimum, ebenso wie die »circonstances atténuantes«, zeigen den Weg, den später die große Reform von 1810 ging.

Die Motive zu den Reformen waren in folgende Worte zusammengefaßt, die man auch auf den größten Teil der einzelnen Reformen anwenden kann:

> »La commission du Conseil, considérant que l'expérience a fait sentir la nécessité d'établir une plus juste proportion entre les peines et certains délits; que ce défaut de proportion est souvent une source d'impunité; que l'impunité est elle-même une source de délits contre lesquels l'intérêt social réclame un prompt remède, approuve d'urgence et la résolution suivante .... [25]).«

Die Jury sprach in all den Fällen, in denen sie die Strafe für zu ungerecht hielt, einfach frei, daher die »source d'impunité«. An der Realität der Dinge werden die *»peines fixes«* unwirksam. — Die Jury sollte sich ja gar nicht mit der Strafe beschäftigen, sie sollte nur über die Tat als solche erkennen, die Strafe herauszufinden war Sache des Gerichts. Man hatte diesen Grundsatz noch einmal im Code des délits et des peines vom Jahr IV ausgedrückt und in die Worte gefaßt:

> »...ils (die Geschworenen) manquent à leur premier devoir, lorsque pensant aux dispositions des lois pénales, ils considèrent les suites que pourra avoir, par rapport à l'accusé, la déclaration qu'ils ont à faire. Leur mission n'a pas pour objet la poursuite ni la punition des délits: ils ne sont appelés que pour décider si le fait est constant, et si l'accusé est, ou non, coupable du crime qu'on lui impute.«

In der Theorie hatte man ein Gebäude errichtet, das brauchbar erschien; jedem war seine Rolle genau zugeteilt worden. Die Jury behandelt nur die Tat, automatisch verhängt der Richter dann die Strafe, in der Tat logisch und in seiner Einfachheit verführend. Man hatte nur vergessen, daß es Menschen waren, die urteilten, und daß sie sich nicht in ein System pressen und zu Automaten stempeln lassen. So hat die Jury das Verdienst, daß die Strafen gemildert wurden, und daß eine Änderung des Systems eintrat.

> »Il (die Jury) usa du seul moyen qui lui appartient de donner aux verdicts que réclamait sa conscience, une apparence de l'équité: il acquitta [26]) [27]).«

---

[25]) Locré, La législation civile, commerciale et criminelle de la France, t. I, p. 47.

[26]) Bougon, loc. cit., p. 30.

[27]) vgl. Saleilles, Individualisation de la peine, p. 13.

Ein rein äußerer Anlaß war es also, der hier wirkte, keine großen Ideen lagen zugrunde.

Warum man nicht auch bei den Verbrechen ein Maximum und Minimum jetzt schon einführte und dadurch, daß man bestimmte Delikte erst zu Vergehen stempelte und dann die Reform vornahm, unbedingt das System des Code pénal von 1791 und des Code des délits et des peines vom 3. brumaire zu wahren sucht, ist nicht ersichtlich. Es hätte doch eigentlich im Sinne der ganzen Entwicklung, die die Jury vorzeichnete, gelegen, daß man, da die Jury nun einmal, trotz des Verbotes, ihr Augenmerk auf die Rechtsfolgen zu richten, in den Fällen, in denen ihr die Strafe zu hart schien, freisprach, dem Richter in dem Ausmaß der Rechtsfolgen ein Maximum und Minimum gegeben hätte. Damit hätte man die Jury beruhigen können, die immer bei derartigen Fällen, bei denen ihr die Strafe zu hart schien, eine Strafe aber doch von ihr für angemessen erachtet wurde, hoffen konnte, daß der Richter nicht das Maximum wählte. Freilich ist eine derartige Maßnahme auch nur dann von Bedeutung, wenn das Minimum nicht zu hart ist, denn sonst tritt das, was man gerade verhindern will, auch hier wieder ein.

Man ist diesen Weg sicher deshalb noch nicht gegangen, weil man zunächst einmal Erfahrungen sammeln wollte, ob sich ein derartiges System bewährte. Man nahm daher zunächst eine Umformung der weniger schweren Verbrechen vor, um hier die Resultate festzustellen, bevor man ähnliche Maßnahmen auf dem Gebiet der Verbrechen ergriff.

Das Beachtenswerte an all diesen Reformversuchen liegt darin, daß sie nicht etwa aus dem Gesichtspunkt heraus, bewußt die Macht des Richters zu vergrößern oder aus einem Wandel der Ideen über Wesen und Zweck der Strafe, sondern aus der Realität der Umstände entstanden sind und dann folgerichtig eine bestimmte Änderung der Stellung des Richters herbeiführten.

Die beiden Wege, auf denen sich die große Reform vollziehen sollte: Maximum und Minimum und »circonstances atténuantes« werden dabei vorgezeichnet.

3. Die richterliche Ermessensfreiheit im Code pénal von 1810.

Durch den Staatsstreich vom 18. und 19. brumaire 1799 an VIII war Napoleon zur Macht gelangt. Er bestimmte, veranlaßt durch die schlechten Erfahrungen, die man mit den Grundsätzen des Code von 1791 gemacht hatte, durch einen Erlaß vom 7. germinal an IX eine Kommission, die sich mit dem Code pénal beschäftigen sollte, und auf Grund deren Berichte man eine allgemeine Verbesserung, wenn nicht Neuschaffung vornehmen wollte. Die Kommission bestand aus: Viellard, Target, Oudard, Treilhard und Blondel.

Der Entwurf, den sie fertigstellten, erlaubte dem Richter, sich im Ausmaß der zeitlichen Strafen in den Grenzen eines Maximum und Minimum zu bewegen. Das Prinzip des Maximum und Minimum, das in dem Gesetz vom 22. frimaire an VIII sehr vorsichtig und erst nach einer Umformung der Verbrechen in Vergehen für diese früheren Verbrechen angenommen war, wurde jetzt allgemein für Verbrechen angewandt. Der Cour de Cassation ebenso wie die Cours d'Appels bekamen die Arbeit der Kommission zur Begutachtung zugesandt. Der Cour de Cassation stellte über die Grundgedanken des Strafmaßes folgende berühmten Erwägungen an [28]):

> »C'est une idée séduisante que celle qui a engagé le législateur à prévoir non-seulement toutes les délits mais encore les circonstances qui pouvaient les aggraver, et à déterminer la gradation des peines d'après la nature et le nombre des circonstances.«
>
> »Mais si la loi ne peut déterminer toutes les nuances d'après lesquelles un délit se varie à l'infini, qui le rendent plus ou moins grave et odieux, qui le rendent susceptible d'une peine plus ou moins sévère; si cette précision mathématique ne peut pas exister dans le Code pénal, cette idée de gradation qu'on a embrassée ne manque-t-elle pas son but? Ne devient-elle pas au contraire une source d'erreurs et d'injustices?
>
> Qu'un minimum et un maximum soient établis dans la gradation des peines qui en sont susceptibles, l'inconvénient disparaît et ce serait une crainte vaine que celle de l'arbitraire laissé au juge, puisque la loi aura posé les limites qu'il ne pourra jamais franchir.«

Der Absatz 1 enthält eine vernichtende Kritik des Systems der »peines fixes«; das Hauptgewicht liegt im Abs. 2:

> »Ne devient-elle pas au contraire une source d'erreurs et d'injustices?«

Diese Worte zeigen, obwohl sie es wiederum nicht klar ausdrücken, die auch diese Reform in erster Linie bestimmende Ursache: die Jury sprach weiterhin frei, sie konnte sich nicht mit den von dem Gesetz aufgestellten Nüancierungen begnügen. Daher die »source d'erreurs et d'injustices.«

Klar und deutlich sagt dies Target [29]) in seinen »Observations

---

[28]) Locré, La législation civile, commerciale et criminelle de la France, t. I, p. 208.

[29]) Locré, loc. cit., t. 29, p. 19.

sur le projet du Code criminel«:

»Tantôt ils (les jurés) ont déclaré le fait excusable, quoiqu'il ne fût atténué par aucune excuse légale.

Tantôt même, au mépris de leur devoir et au grand dommage de la société, ils se sont laissé entraîner jusqu'à déclarer qu'un crime réel n'est pas constant; et à élever ainsi un vrai coupable aux honneurs de l'innocence pour le dérober à une peine qui leur paraissait excessive.«

Durch die Macht der Umstände gezwungen, muß man das frühere System aufgeben. Im Staatsrat selbst wurde am 5. Juni 1804 die Frage gestellt [30]):

»Les juges auront-ils une certaine latitude dans l'application des peines? Y aura-t-il un maximum et un minimum qui leur laisseront la faculté de prononcer la peine pour plus ou moins de temps suivant les circonstances?«

Ohne Diskussion sprach sich die betreffende Kommission des Staatsrats für die Bejahung der Frage aus. Man ist sich darüber klar, daß aus den Übelständen nur ein Weg helfen kann: Erweiterung der Machtstellung des Richters, um die Jury von den Freisprüchen abzuhalten.

Vier Jahre ruht der Entwurf. Napoleon hatte anderes zu tun, als sich mit der Strafrechtsreform zu beschäftigen. Erst im Oktober 1808 nahm man die Diskussion wieder auf.

Hier wurde von neuem entschieden, den Richtern einen gewissen — allerdings sehr engen — Spielraum bei der Anwendung der Strafe zu gewähren. Dies System wurde endgültig im Code pénal von 1810 angenommen; damit hat man die »peines fixes«, soweit es sich um zeitliche Strafen (peines temporaires) handelt, verlassen.

Sinn und Zweck der Strafe.

Die durch die Jury angeregte allgemeine Reform des Strafrechts rollte die Fragen über Wesen und Zweck der Strafe von neuem auf. Sie zeigen uns die Gründe für die enge Bemessung der richterlichen Freiheit im Maximum und Minimum und vervollständigen das Bild der Reform.

In der Zeit, in der die Beratungen über den neuen Code stattfinden, waren die 1791 herrschenden Ideen noch dieselben geblieben. Target [31]) hatte in seinen »Observations sur le projet du Code criminel« gesagt:

---

30) Locré, loc. cit., t. I, p. 218.

31) Locré, loc. cit., t. 29, p. 8.

»La gravité des crimes avait sa mesure non pas tant sur la perversité qu'ils annoncent que sur le danger qu'ils entraînent.«

Ein klares Bild über den Geist, der in den Kommissionen, die den Code pénal von 1810 vorbereiteten, herrschte, geben die Ausführungen von Target [32]); er weist zunächst den Gedanken, daß die Strafe Vergeltung wäre, weit von sich:

»Il est certain que la peine n'est pas une vengeance: cette triste jouissance des âmes basses et cruelles n'entre pour rien dans la raison des lois...«

und sagt dann:

»c'est la nécessité de la peine qui la rend légitime. Qu'un coupable souffre, ce n'est pas le dernier but de la loi; mais que les crimes soient prévenus, voilà ce qui est d'une haute importance... Poena non irascitur, sed cavet...«

Die Gesellschaft muß dabei aufrechterhalten werden [33]):

»Chaque jour cependant la société doit être conservée; et à des calamités présentées, il faut opposer des remèdes rapides: tel est le but des lois criminelles et du Code pénal.«

Strafen, die schon unter dem alten Regime den allgemeinen Unwillen erregt hatten, die öffentliche Ausstellung, das Brandmal und die Verstümmelung des Daumens, die der Hinrichtung des Vatermörders vorausgingen, finden wir wieder, Todesstrafe setzt man auf Kindstötung, Münzfälschung und Diebstahl; Versuch und Teilnahme werden wie das vollendete Verbrechen bestraft.

Der Nützlichkeitszweck ist aber nicht allein maßgebend.

»On n'a pas oublié« sagte Berlier [34]) bei der Auseinandersetzung der Motive in der Sitzung des Corps Législatif vom 5. Februar 1810

»que des lois qui statuent sur tout ce que les hommes ont de plus cher, la vie et l'honneur, ne doivent effrayer que les pervers, but qui serait manqué si elles imprimaient trop légèrement le caractère de crime à des actes qui ne sont pas essentiellement criminels. On a soigneusement cherché à établir de justes proportions entre les peines et les délits.«

Starke individualisierende Züge treten in Treilhards Ausführungen in der Sitzung vom 6. Januar 1810 hervor:

---

[32]) Locré, loc. cit., t. 29, p. 8. Observations sur le projet du Code criminel, première partie, présentées par M. Target, membre de la commission chargée de la composition de ce projet.

[33]) Locré, loc. cit., t. 29, p. 7.

[34]) Locré, Exposé des motifs du titre Ier du liv. 3 du Code pénal, fait par M. le comte Berlier, conseiller d'État et crateur du gouvernement, t. 29, p. 422.

»Sans doute le magistrat ne doit et ne peut prononcer que la peine de la loi; mais n'ya-t-il pas quelque distinction à faire entre deux hommes convaincus du même crime. Doit-on placer sur la même ligne le jeune homme séduit, que des conseils désastreux et son inexpérience ont précipité dans l'abîme, et l'homme dont la profonde corruption est manifeste, et dont toute la vie est souillée de crimes?«

Die Mittel, die hier einen Ausweg geben sollen, hatte Target in seiner Rede über den Entwurf des Code criminel aufgezählt [35]).

Für die Verbrechen, die mit dem Tod oder »travaux forcés à perpétuité« oder der Deportation bestraft sind, soll also die »grâce«, die man seit dem »Code des délits et des peines« wieder eingeführt hatte, als Ausweg dienen. Hier zeigt sich der krasse alte Standpunkt; man vergleiche die Art. 118, 189, 228 Abs. 2, 242 und 281. Maximum und Minimum finden keine Anwendung. All die Einwürfe, die seit 1791 gegen die »peines fixes« erhoben worden waren, werden von neuem dagegen laut und zwar um so heftiger, als der Code von 1810 durch Einführung des Maximum und Minimum die »peines fixes« selbst verurteilt hatte. Wiederum sprach die Jury frei.

Für die zeitlichen Strafen tritt das Maximum und Minimum ein. Wichtig an den Auseinandersetzungen über die »peines temporaires« in dem 2. Absatz ist [36]), daß klar ausgedrückt wird, daß dem Richter innerhalb des Maximum und Minimum die Möglichkeit gegeben sein soll, die Strafen nach der mehr oder minder großen Verkommenheit des Individuums abzumessen, daß die Richter genügend Raum haben sollen,

»pour consulter leurs sentimens et leurs lumières.«

So zeigt sich uns denn der Code pénal von 1810 in folgendem Lichte: Er ist hinsichtlich der Stellung des Richters im Ausmaß und in der Auswahl der Rechtsfolgen ein Kompromiß zwischen zwei großen Richtungen. Ein humanisiertes, gesetzlich geregeltes, liberalistisches, generalpräventives Abschreckungsrecht, soll vereinigt werden mit dem neuen Gedanken der Individualisierung, den die Jury, die den Mann, so wie er vor ihr stand, berücksichtigte, hervorgebracht hatte: Ein bedeutsamer Fortschritt gegenüber früher; die engen Fesseln der peines fixes werden abgestreift, der entscheidende Schritt zum »arbitraire légal« ist getan.

Freilich spielt die Individualisierung nur eine sehr untergeordnete

---

35) Vgl. Locré, loc. cit., t. 29, p. 20. Observations sur le projet du Code criminel, première partie, présentées par M. Target, membre de la commission chargée de la composition de ce projet.

36) Vgl. die Rede Locré, loc. cit., t. 29, p. 20.

Rolle. Die Hauptsorge ist der Schutz des sozialen Interesses. Man verfolgt leicht in der Diskussion des »Conseil d'État« die steigende Erschwerung der Strafen. Jedes Verbrechen wird einer ängstlichen Analyse unterstellt und erregt allmählich Gefühle des Unwillens und der Furcht für die soziale Ordnung, die zu einer übertriebenen Härte der ausgesprochenen Strafen führt.

Der Gesetzgeber hat seine rein objektiven Zwecke, die er mit der Strafe verfolgt, in dem Strafmaß genau festgelegt, ohne irgendwie dabei auf das Individuum Rücksicht zu nehmen. Selbst wenn der Richter das Minimum wählt, so hat der Gesetzgeber durch seine Berechnung der Höhe des Minimums derartig vorgesorgt, daß für den Staat und das soziale Interesse keinerlei Gefahren bestehen.

Auch hier wie beim Code von 1791 sehen wir Abteilungen und Unterabteilungen bei den Strafen desselben Verbrechens, die die Verbrecher in Kategorien unterbringen und genau ihre Handlungen abstufen. Gerade an dieser objektiven Individualisierung des Verbrechens sieht man, wie wenig eigentlich trotz der Bemühungen der Jury und trotz der Zugeständnisse, die man ihr machen mußte, der Gedanke einer subjektiven Individualisierung praktisch Fuß gefaßt hat. Der Code von 1810 unterscheidet im allgemeinen nur zwischen einzelnen Klassen und Gruppen und nicht zwischen Einzelwesen. Der Gesetzgeber will nichts von einer subjektiven Individualisierung wissen, wenn der Richter sie innerhalb des Maximum und Minimum anwendet, so hat er nichts dagegen.

Auf eine Unebenheit, die sich mit der Einführung des Maximum und Minimum ergibt, soll hier noch hingewiesen werden.

Es bestand der Grundsatz: die Jury erkennt über die Tat, der Richter über die Strafe. Dadurch, daß die Jury, wenn ihr die Strafe zu hart erschien, freisprach, erkannte sie praktisch mit über die Strafe. Aber auch die ursprünglichen Befugnisse des Richters werden verschoben, denn in dem Moment, in dem man ihm einen Spielraum in der Anwendung der Strafen gewährt, gibt man das System auf, daß er nur über die Strafe zu erkennen habe. Er muß, wenn er die Strafe innerhalb der Grenzen variieren lassen will, notwendigerweise auch die Tat des Schuldigen mit in Betracht ziehen. Gerade das Ineinandergreifen der verschiedenen Funktionen brachte auch in der Zukunft die besten Erfolge hervor [37]).

---

37) Vgl. Beudant, De l'indication de la loi pénale dans la discussion devant le jury, p. 103.

Individualisierungsversuche.

Zwei Versuche direkter Individualisierung findet man im Code pénal von 1810. Bei dem ersten handelt es sich um die Jugendlichen unter 16 Jahren. Hier bringt der Art. 66 ungefähr dasselbe, was wir im Code pénal von 1791 im Art. 2 des titre V fanden. Das Prinzip ist dasselbe geblieben, nur in der Höhe des Strafmodus treten gewisse Veränderungen auf. Auch hier wird wieder der Gedanke der Besserung in den Vordergrund gestellt, und zwar in dem Fall, wo der Jugendliche mit Unterscheidungskraft gehandelt hat. Der Berichterstatter Faure [38]) hat in der Sitzung des Corps Législatif vom 3. Februar 1810 sehr deutlich die Gedanken, die den Gesetzgeber bei der Beibehaltung des Systems bewogen haben, zum Ausdruck gebracht:

> »Mais si la décision porte que l'action a été commise avec discernement, il ne s'agit plus de correction: c'est une peine qui doit être prononcée. Seulement ce ne sera une infamante. La loi suppose que le coupable, quoique sachant bien qu'il faisait mal, n'était pas encore en état de sentir toute l'étendue de la faute commettée, ni de concevoir toute la rigueur de la peine qu'il allait encourir. Elle ne veut point le flétrir, dans l'espoir qu'il pourra devenir un citoyen utile; elle commue, en sa faveur, les peines afflictives en peines de police correctionnelle; elle ne le soumet point à l'exposition aux regards du peuple. Enfin, elle consent, par égard pour son jeune âge, à le traiter avec indulgence, et ose se confier à ses remords.«

Der Wille, hier individualisierend vorzugehen, ist aus der Rede Faures nicht zu verkennen. Sabourin [39]) bezeichnet sie aber nur als eine:

> »satisfaction toute platonique à l'idée que la répression doit être différente pour les mineurs et les adultes«;

und nicht mit Unrecht. In das Korrektionshaus, wohin sowohl derjenige, der ohne Unterscheidungskraft gehandelt hat, kommen kann, als auch derjenige, der mit Unterscheidungskraft die Tat begangen hat, kommen muß (vgl. d. Art. 66, 67 des Code von 1810), wird nach Art. 40 des Code pénal auch jeder gebracht, der zu einer Gefängnisstrafe verurteilt worden ist.

Die kleinen Verbrecher sind also immer in engster Berührung mit den großen, und so bildet das Korrektionshaus alles andere als eine Besserungsanstalt. Es kann der Fall eintreten, daß derjenige,

---

[38]) Locré, loc. cit., t. 29, p. 265/66. Exposé de motifs du livre II du Code pénal, fait par M. le chevalier Faure, dans la séance etc. ...

[39]) Sabourin, loc. cit., p. 105.

der ohne Unterscheidungskraft gehandelt hat, zusammen mit verworfenen Individuen gebracht wird und hier eine Schule des Verbrechens durchmacht, das Korrektionshaus ihn zum Verbrecher erzieht. Derjenige, der mit Unterscheidungskraft gehandelt, wird hier niemals sich bessern. Der Code von 1810 ist trotz der schönen Reden nicht weiter gekommen als der Code von 1791. Der Richter besaß wohl die Möglichkeit, individualisierend vorzugehen, die technischen Einrichtungen machten aber die beste Möglichkeit zunichte. Dieser Zustand dauerte an bis zum Gesetz vom 5. August 1850.

Der 2. Individualisierungsversuch ist in der Bestimmung des Art. 463 des Code enthalten.

Er bezieht sich nur auf die Fälle, in denen der Code pénal von 1810 Gefängnisstrafe verhängt, ist also nicht anzuwenden auf Vergehen, die nicht im Code pénal enthalten und in anderen Gesetzen geregelt sind und kann nur angewandt werden, wenn der verursachte Schaden sich nicht über 25 francs erstreckt, und die Umstände das Vergehen zu mildern scheinen. Dann allerdings kann die Gefängnisstrafe sogar auf weniger als 6 Tage und die Geldstrafe auf weniger als 16 francs beschränkt werden. Und auch nur unter diesen Voraussetzungen sind die Gerichte befugt, auf die eine oder andere dieser Strafen ganz allein zu erkennen, die jedoch niemals geringer sein darf als die Strafen der einfachen Polizei.

Das Ermessen, das hier dem Richter eingeräumt ist, wird durch diese Voraussetzungen auf nur leichte Fälle beschränkt. Immerhin ist es bedeutsam, daß überhaupt eine derartige Bestimmung getroffen werden konnte.

Man sieht ein, daß es Fälle gibt, in denen die Umstände eben ein Delikt derart mildern, daß die dafür festgesetzten Strafen noch zu hart erscheinen, und daß man die Umstände nicht alle voraussehen kann, die das Leben erfindet. Das hat die Erfahrung gelehrt. Nun ist es interessant, die Gedankengänge zu lesen, die sich die Kommission über diese Fälle gemacht hat. Sie glaubt, und vielleicht hat sie allen Grund dazu, daß auch der Richter, wenn ihm das Minimum der Strafe zu hart wäre, im Widerspruch mit seiner Pflicht, den Angeklagten lieber freisprechen als verurteilen würde.

»... il pourrait dès lors en résulter que le minimum de la peine déterminée par la loi pour le cas général serait trop fort, *et que les juges se trouveraient placés dans l'alternative fâcheuse d'user envers le coupable d'une rigueur dont l'excés leur paraîtrait injuste, ou de le renvoyer absous, en sacrifiant le devoir du magistrat à un sentiment inspiré par l'humanité* [40]).«

So ist es wieder die Macht der Wirklichkeit, die zu einer Reform drängt.

Man wundert sich mit Recht, daß der Code pénal von 1810 nicht auch allgemein mildernde Umstände für die Verbrechen eingeführt hat, um so mehr als die Revolutionsgesetze vom Jahre III (du deuxième jour complémentaire de 1 an III, s. S. 12) und vom 27. germinal an IV (S. 118) für so schwere Delikte wie diejenigen, die sich gegen die Sicherheit des Staates richteten, mildernde Umstände vorgesehen hatten. Der Berichterstatter Faure hat die Motive in seiner Rede vom 9. Februar 1810 niedergelegt [41]):

»... il faudrait, disons-nous, que le juge fut autorisé à changer l'éspèce de peine, et à descendre du degré fixé par la loi à un degré inférieur; par exemple, à prononcer la réclusion, au lieu des travaux forcés à temps, ou bien à substituer le carcan à la réclusion. Ce changement, cette substitution ne serait pas une réduction de peine proprement dite; elle serait une véritable commutation de peine. Or, le droit de commutation de peine est placé, par la Constitution, dans les attributions du souverain ...«

Faures Stellungnahme ist wenig klar. Er verwechselt offensichtlich die Strafermäßigung bei mildernden Umständen mit der Strafumwandlung der »grâce« nach Erlaß des Urteils, die allein dem »souverain« zu überlassen ist. Dieselben Einwendungen, die er hier macht, könnte er ebensogut gegen die Zulassung der mildernden Umstände in den Fällen, in denen auf Gefängnis erkannt wird, anführen. Wenn der Richter mildernde Umstände walten läßt, so paßt er die Tat, so wie sie sich im Leben zugetragen hat, der ihr zukommenden Strafe an — das ist aber keine Gnade, die nach dem Richterspruch in Kraft tritt, sondern das Wesen der richterlichen Tätigkeit.

Man hat, wenn man die Ausführungen liest, den Eindruck, daß etwas verschleiert werden soll, und daß man dafür nicht die richtigen Worte findet. Der innere Rechtfertigungsgrund für dieses unvollständige System liegt in dem Mißtrauen gegen die Jury. Sie hatte äußerst wenig gute Erfolge gezeitigt, und man war fast daran gewesen, sie wieder abzuschaffen.

Man vergleiche dazu Esmein [42]), der einen guten Überblick über

---

[40]) Locré, loc. cit., t. 31, p. 163. Exposé de motifs du chap. II du titre II, du livre III du Code pénal, fait par M. le chevalier Faure.

[41]) Vgl. Locré, loc. cit., t. 31, p. 164/65. Observations générales. Exposé de motifs etc.

[42]) Esmein, Histoire de la procédure criminelle en France, p. 493/99. Ob-

die Klagen gegen das Institut der Jury gibt, ebenso die »Observations« der einzelnen Obergerichte.

Nach langem Zögern war die Entscheidung für die Aufrechterhaltung der Jury gefallen. Hätte man mildernde Umstände jetzt allgemein für Verbrechen eingeführt, so hätte dies neben der Stärkung der Gewalt des Richters durch weitere Herabsetzung des Strafminimums gleichzeitig eine Stärkung der Macht der Jury bedeutet, denn die Jury hätte, da die mildernden Umstände zur Tat gehören, über ihr Vorliegen entscheiden müssen, bevor der Richter die Strafmilderung hätte vornehmen können. Letzteres wollte man vermeiden. Siméon, Portalis, Bigot, Préameneu und De Sejour, die großen Gegner der Jury, hatten im Staatsrat zwar nicht die Unterdrückung durchsetzen können, ihr Einfluß macht sich aber hier, wo eine Stärkung der Machtstellung der Jury eintreten würde, beschränkend geltend[43]).

So ist es wiederum ein äußerer Anlaß, der die Ausdehnung der mildernden Umstände auf die Verbrechen scheitern ließ und dadurch verhinderte, daß eine weitere Ausdehnung der Machtstellung des Richters schon jetzt eintrat.

Schlußbetrachtung.

Der Code pénal von 1791 war ein Werk der Reaktion gegen die schrankenlose Willkür des Richters. Wie überall, wenn Zeitepochen, die von entgegengesetzten Ideen beherrscht sind, sich ablösen, so kommt auch hier das Extrem zur Geltung, das in den »peines fixes« gipfelt. Der Richter ist gebunden, ohne daß er sich rühren kann. Die Gesetzgebung von 1791 an ist bestrebt, unter Bejahung der Bindung des Richters, das Extrem zu mildern und den allzuweit ausschlagenden Pendel wieder nach der anderen Seite, die dem Richter eine größere Freiheit gibt, zurückzuführen. Sie zeigt gleichzeitig auch die Mittel und Wege der zukünftigen allgemeinen Reform an: Maximum und Minimum und mildernde Umstände. Als treibender Faktor wirkt die Jury, die dadurch, daß sie selbst individualisierend vorgeht, die engen Fesseln durchbricht und den Weg, der eingeschlagen werden muß, vorzeichnet. Die Jury, die aus dem Volke stammend, die Richtergewalt beschränkend, eingeführt wurde, wird, dadurch, daß sie sich im Widerspruch mit der ihr zugeteilten Rolle mit der Strafe beschäftigt, der Vorkämpfer für eine Erweiterung der richterlichen Ermessensfreiheit.

---

servations des Tribunaux Criminels. Locré, loc. cit., t. 24, p. 3, 14, 21, 34; t. 25, p. 27.

43) Vgl. Humbert, loc. cit., p. 26/27. Collard, Système des circonstances atténuantes, Paris 1840, p. 22.

Maximum und Minimum sind aber nur zu enge Grenzen für den Richter, um im Code von 1810 die durch die Jury vertretenen Gedanken einer subjektiven Individualisierung durchführen zu können. Viel zu übermächtig ist noch die objektive Individualisierung. Aber der Weg ist eingeschlagen und im Art. 463 ist deutlich gezeigt, wohin er führen wird: zu einer richterlichen Individualisierung und damit zu einem weiteren Ausbau des »arbitraire légal.«

Anhang.

Kaum war der Code pénal von 1810 verkündet, da erhob sich auch schon von allen Seiten die Forderung, man möge den Art. 463 auch auf die Verbrechen ausdehnen.

Inzwischen sorgt dasselbe Institut, das den Code von 1810 veranlaßt hatte, auch für seine weitere Korrektur. Die Jury sprach in all den Fällen, in denen das Minimum der Strafe zu hart war, frei, und so war man zu demselben Resultat wie unter der Herrschaft des Code von 1791 gelangt. Die Schwere der angedrohten Strafe zog Straflosigkeit nach sich.

> »Les condamnations deviennent chaque jour plus rare et la justice ne cesse de gémir de son impuissance ...«

klagt der Siegelbewahrer (gardes-sceaux) in der Deputiertenkammer am 27. Mai 1824 und er fährt fort:

> »le jury préférant la justice à la vérité, nie volontairement l'évidence et se félicite de pouvoir échapper par le mensonge au regret d'avoir provoqué des condamnations qui ne seraient pas équitables [44].«

Wollte man sich mit diesem Resultat nicht zufrieden geben, mußte man zu den verlangten Reformen schreiten.

Nach einer Teilreform von 1824 erlaubte ein Gesetz vom 1. Mai 1832 der Jury allgemein, wenn sie mit mehr als 7 Stimmen mildernde Umstände für angemessen hielt, dies in folgender Formel den Richtern kundzugeben:

> »... A la majorité de plus de sept voix, il y a des circonstances atténuantes en faveur de tel accusé (Art. 5 infini).«

Man läßt also hier die Jury ihren Einfluß auf die Strafenbildung gesetzlich mitausüben. Der Richter ist gezwungen, auf Grund dieser Erklärung, die nächst niedere Strafart zu wählen, etwa an Stelle der travaux forcés à temps, die réclusion. Er bekommt gleichzeitig die Macht, sowohl das Maximum als auch das Minimum dieser Strafart nach freiem Ermessen zu bestimmen.

---

[44]) Vgl. Moniteur vom 28. mai 1824.

II. Die richterliche Ermessensfreiheit bei der Abgrenzung der Tatbestände in den Gesetzen der französischen Revolutionszeit von 1791—1810.

1. Die Einführung der Jury und ihr Einfluß auf die Subsumptionsmöglichkeit des Richters.

Vorbemerkung.

Die Behandlung der Frage: inwieweit der Strafrichter der Revolutionszeit freies Ermessen in der Abgrenzung der Tatbestände walten lassen kann, steht in engem Zusammenhang mit der Einführung der Jury. Diese entstammt dem Geist des Mißtrauens gegen alle mit irgendeiner Macht Bekleideten. Das Prinzip der Volkssouveränität und die strenge Sonderung der Staatsgewalten drücken sich in der neuen Strafgesetzgebung aus. Der Rechtsschutzgedanke fordert Berücksichtigung. Um jede Willkür der Staatsgewalt durch das Beamtentum unmöglich zu machen, verlangt man Teilung der Gewalten und die Mitwirkung des Volks an allen Staatsfunktionen. Die Theorie Montesquieus auf das Gebiet des Strafverfahrens übertragen, ergibt das Schwurgericht.

»Le jury reconnaît le fait et le juge applique la loi«;

das ist der Satz, der durch die Revolutionszeit geht — äußerst bedeutsam für die Stellung des Richters.

Wenn das Schwurgericht dem Richter die Erkennung über die Tat vollkommen entziehen will, dann muß es zweierlei Funktionen erfüllen. Es muß einmal den Angeklagten für schuldig erklären und dann seine Handlung unter eine gesetzliche Norm subsumieren, ihn also schuldig einer im Gesetz bestimmten Tat erklären. Dann hat der Richter wirklich nur dieses Gesetz in seinen Folgen anzuwenden, d. h. die Strafe zu bestimmen.

In der Subsumption liegt die Machtstellung begründet. Will der Gesetzgeber damit, daß er den Satz prägt:

»Le jury reconnaît le fait...«,

ihr die Subsumption zuerkennen?

Nur mit der Lösung dieser Frage können wir die erste Voraussetzung für die Machtstellung des Richters in der Abgrenzung der Tatbestände, nämlich die, daß er überhaupt abgrenzen darf, finden. Die Staatsgewalt des Richters steht also der Staatsgewalt des Geschworenen gegenüber. Bei den bekannten Tendenzen, die Gewalt des Richtertums einzuschränken, ist es nicht gleichgültig, welcher der beiden Gewalten die Erkenntnis über die Tat als Ganzes zusteht.

Im folgenden werden die Befugnisse klargelegt, die die Revolutionsgesetzgebung der Jury mit dem Grundsatz geben will, daß sie über die »faits« erkennen soll.

Die Auffassung der Generalstände und der Nationalversammlung.

Als die Generalstände, beeinflußt von den Gedanken der Philosophen, die Forderung erhoben, es möge das Geschworenengericht eingeführt werden, konnten sie, wenn sie überhaupt etwas über dessen Befugnisse vorbrachten, nur das eine sagen, daß die Jury über die »fait« erkennen soll, und daß die Frage des Rechts von der der Tat getrennt werden müsse.

Wie wenig man eine Ahnung von den Befugnissen hat, die man damit der Jury zuerteilen will, zeigen die Aussprüche, die den gesetzgebenden Körper auffordern, das Geschworeneninstitut in die Strafrechtspflege einzuführen und die Mittel und Wege dazu zu finden.

Während es klar lag, daß man mit dem Geschworenengericht der Willkür des Richters entgegenwirken wollte, und das bei allen, die Schwurgerichte fordern, auch deutlich zum Ausdruck kommt, von einem unverstandenen Nachbeten irgendwelcher Ansichten also keine Rede sein kann, sind die Worte, die die Befugnisse der Jury abgrenzen sollen, nicht in ihrer Tragweite verstanden. Die damalige Zeit machte den großen Schritt von der formalen gesetzlichen Beweistheorie zur freien Beweiswürdigung. Die gesetzliche Beweistheorie war verhaßt. Man hatte ihre Auswirkung kennengelernt. Jetzt kommen Geschworene; sie erkennen über die Tat, frei nach ihrer inneren Überzeugung: das ist das Befreiende für alle die, welche die Forderung nach der Einrichtung der Schwurgerichte erheben. Daß eine freie Beweiswürdigung auch dem Richter übertragen werden konnte, war für die damalige Zeit eine Unmöglichkeit, denn man hätte ja dann der Willkür des Richters wiederum freie Bahn gelassen [1]). Freie Beweiswürdigung und Schwurgericht hängen eng so miteinander zusammen. In der Forderung nach Geschworenen liegt instinktiv der Gedanke, jetzt werden wir von Leuten verurteilt, die nicht mehr nach den starren Regeln, die wir selbst nicht kennen,

[1]) Vgl. Kritische Jahrbücher 1845, S. 124; Roßhirt, 2 Kriminal. Abhandlungen, Heidelberg 1836, S. 56; Justus Möser, Patriot. Phantasien, Bd. I, S. 308; Schwinge, Der Kampf um die Schwurgerichte bis zur Frankfurter Nationalversammlung, S. 79 ff., 85 ff.

unsere Handlungen beurteilen, sondern die frei nach innerer Überzeugung richten.

So ist der Ausdruck, daß die Jury über die Tat erkennen solle, die Abkehr von dem System der gebundenen Beweiswürdigung, das instinktive Hinneigen zu dem Befreienden, der Beweiswürdigung nach innerer Überzeugung, die nur Männer aus dem Volk vornehmen können. In der Umsetzung dieses Wunsches in die Praxis hatte man sich auf die Philosophen verlassen, die das englische Geschworenensystem übernommen zu haben glaubten.

In England ist die Jury nicht aus Mißtrauen gegen das Beamtentum hervorgegangen, bildet keinen oppositionellen Faktor, sondern ergänzt sich mit dem Richtertum zu einer organischen Einheit [2]). Sie ist aus der Beweisjury hervorgegangen und nimmt im allgemeinen an der Lösung der Tat- wie der Rechtsfrage in gleicher Weise teil. Doch gibt es bestimmte Ausnahmen.

In einem Statut Eduards I. ist die Regel aufgestellt, daß, wenn die Jury sich ausnahmsweise unfähig fühlt, eine Rechtsfrage zu lösen, von ihr ein Urteil ergeht, das bestimmte Tatsachen für bestehend oder nicht bestehend erklärt und dann dem Gerichtshof die Sorge, die Rechtsfragen zu lösen, überläßt [3]). Diese Regel wurde von den Publizisten des 18. Jahrhunderts verallgemeinert und kehrt überall da wieder, wo wir die Forderung nach Geschworenen sich erheben sehen. Es ist eine falsche Auffassung des englischen Systems, von den Generalständen nicht erkannt, da dies hinter der großen politischen Forderung, der Würdigung der Beweise durch die Männer des Volks nach freier, Überzeugung zurücktritt.

Man glaubt, damit genug getan zu haben und sieht nicht, daß ein System, das Rechts- und Tatfrage scharf trennt, gerade die Durchführung dessen, was man fordert, unmöglich macht. Wenn die Jury bestimmte Tatsachen nach freier Beweiswürdigung für feststehend erklärt, und der Richter danach das Recht anwendet, muß er diese Tatsachen unter das Gesetz subsumieren. Ihm ist hierbei die Möglichkeit gegeben, mit der größten Willkür vorzugehen — kein Geschworener kann ihm Vorschriften machen, denn seine Tätigkeit hat sich erschöpft. Die freie Beweiswürdigung der Jury wird also stark in ihrer Wirkung beeinträchtigt, wenn sie nicht gleichzeitig mit der Beweiswürdigung die Subsumierung der Tatsachen, die sie gefunden hat, unter das Gesetz verbindet.

Für den rechtanwendenden Richter wollte man eine freie Beweis-

---

[2]) Vgl. Schwinge, loc. cit., S. 134 ff.

[3]) Zambeaux, Des attributions du Président des Assises de la Cour d'Assises et du Jury; p. 209, Nr. 163.

würdigung nicht zulassen, für ihn kommt lediglich eine formale Bindung in Frage. Wo man die frühere formale Bindung lockern will, im Beweisrecht, gibt man die neue Freiheit den Geschworenen. Bei der Umsetzung in die Praxis kommt man jedoch durch falsche Auffassung der Befugnisse der englischen Jury zu einem Resultat, das die freie Beweiswürdigung der Geschworenen oft wirkungslos macht, in vielen Fällen die des Richters herbeiführt.

Dies haben sowohl die Philosophen als auch die Generalstände verkannt. Ihnen ist die Hauptsache, daß die Jury die Tat beurteilt; damit, glauben sie, ist allem genügt, sie sehen nicht, daß der Richter durch die Subsumptionsmöglichkeit den größten Teil der Rechte erhält, die man ihm nicht zukommen lassen wollte.

Hat nun die Konstituante diese Auffassung von »fait«, die die Tat von allen Rechtsbestandteilen trennt und die Jury nur zur Feststellung von konkreten Tatsachen ermächtigt, übernommen?

In der Hauptrede über die Einrichtung des Geschworeneninstituts sagt der Berichterstatter Duport[4]) am 29. März 1790 über die Befugnisse der Jury folgendes:

> »*La mayeur est le fait, la mineur est la loi et le jugement la conséquence...*
> *il faut donc d'abord constater le fait, ensuite comparer le fait à la loi, c'est ce qu'on appelle le jugement....*«

Duport versteht hier unter »fait« die bloßen Tatsachen und überläßt dem Richter die Subsumierung unter das Gesetz. Er drückt das in derselben Rede verschiedentlich weiter aus:

> »Un jugement est un comparaison d'un fait avec la loi...« oder

er sagt:

> »Tout homme est bon pour éclaircir un fait, il n'en est pas de même pour appliquer la loi.«

Er betrachtet sodann die Rolle, die er damit der Jury zuerteilt, unter dem Gesichtspunkt der Freiheit und sagt:

> »Tous les pouvoirs existent pour le peuple; il ne doit se réserver que ceux qu'il peut exercer par lui-même; il peut reconnaître le fait.«

Auch hier wieder dieselbe Auffassung. Mit dem Umstand, daß die Jury die konkreten Tatsachen würdigt nach ihrer inneren Überzeugung — ein zweifellos ungeheuer großer Fortschritt auf dem Gebiet der Beweiswürdigung — hält auch Duport alles für getan. Die Freiheit ist damit geschützt, dem Richter jede Willkür unmöglich gemacht. Auch hier die Verkennung, daß in der nachfolgenden Subsumierung

4) Moniteur, t. IV, p. 2.

des Tatbestandes unter das Gesetz durch den Richter die Hauptgefahr für die Freiheit des Einzelnen liegen kann.

Und gerade die Freiheit ist es, die immer wieder hervorgehoben wird, wenn man von den »jurés« spricht.

> »Est-il dans notre pouvoir de refuser une institution bienfaisante, sans laquelle la liberté n'est qu'un mot vide de sang et une pompeuse chimère?« [5])

So kennzeichnet der Baron de Jesse in der Sitzung vom 5. April die Jury und Petion de Villeneuve [6]) bezeichnet die Einrichtung der Jury als:

> »précieuse pour la liberté publique et pour la liberté individuelle.«

Robespierre [7]) betrachtet sie als:

> »base la plus essentielle de la liberté; sans cette institution, je ne pus croire, que je sois libre, quelque belle que soit votre Constitution.«

Dieselbe Auffassung über die »fait« vertritt der größte Teil der Abgeordneten. Man vergleiche die Gedanken von Chabroud [8]) in der Sitzung vom 30. März 1790, von Goupil de Préfeln [9]) in der Sitzung vom 31. März:

> »La distinction du fait et du droit et la décision de l'un et de l'autre confiée à des juges différents sont les moyens les plus efficaces, pour assurer le bonheur et la liberté du peuple.«

Man vergleiche ferner Thouret [10]) in der Sitzung vom 6. April und Barnave [11]), noch einmal Duport [12]) in einer Rede vom 30. April und die Meinung des Grafen Clairmont-Tonnerre [13]). Überall findet man mehr oder minder deutlich ausgedrückt dieselbe Auffassung.

Zwar treten auch Meinungen auf, die eine Trennung von »fait« und »droit« für unmöglich halten, so Lanjuinais [14]) in der Sitzung vom 31. März 1790; er ist aber wenig klar. Nur einer sieht ganz klar, Mougins de Roquefort [15]), ein alter Praktiker. Er faßt seine Entgegnung in folgende Worte zusammen:

---

5) Moniteur, t. IV, p. 47.
6) Moniteur, t. IV, p. 47.
7) Moniteur, t. IV, p. 47.
8) Moniteur, t. IV, p. 3.
9) Moniteur, t. IV, p. 7.
10) Moniteur, t. IV, p. 54/55.
11) Moniteur, t. IV, p. 56.
12) Moniteur, t. IV, p. 250.
13) Moniteur, t. IV, p. 488.
14) Moniteur, t. IV, p. 6.
15) Moniteur, t. IV, p. 54.

»Pour déterminer le fait, il faut connaître la loi dans l'État actuel, le simple citoyen ne peut la connaître.«

Er meint also, daß der Geschworene damit, daß er über die »fait« erkennt, gleichzeitig subsumiert und nur, weil er von dieser Ansicht ausgeht, vertritt er den Standpunkt, daß der Geschworene nicht fähig wäre, die Gesetze, unter die die Tatsache subsumiert werden muß, zu erkennen. Und unter dem Gesichtspunkt einer Subsumption durch die Jury, kommt er zu dem Schluß, daß eine Trennung von Tat und Recht nicht möglich sei:

»Vouloir qu'on sépare l'un et l'autre, ce serait exiger que le maçon séparât la pierre et le ciment....«

Eine Trennung von fait und droit ist allein möglich, wenn die Jury nicht subsumiert; Schwierigkeiten treten erst mit dem Augenblick ein, in dem man die Jury subsumieren läßt.

Die Auffassung von Duport und des größten Teils der Constituante drang durch. Und so ist, wenn wir lesen, daß die Jury über die Tat zu erkennen habe, darunter die konkrete Tatsache zu verstehen, ohne daß die Möglichkeit einer Subsumierung besteht. Das Dekret über den Strafprozeß und die Einrichtung der Jury wurde am 29. September 1791 erlassen.

Der größte Teil der französischen Schriftsteller [16]) stimmt damit überein, daß die Gesetzgebung von 1791 die Jury auf die Konstatierung rein konkreter Tatsachen beschränken wollte.

Ganz vereinzelt steht nur Bourguignon [17]) da, der der Ansicht ist, daß auch die Constituante die Trennung der Tat von der Rechtsfrage nicht vorgenommen habe, und daß dies unausführbar sei. Wenn man es tun würde, würde die Jury um ihre ganze politische Bedeutung gebracht werden. Die Richter könnten dann:

»arbitrairement faire grâce ou condamner enfin, qu'ils seront les maîtres de la cause, et qu'en ni la société ni les individus ne trouveront dans le jury la garantie réciproque qui fut l'objet de cette institution [18]).

Bourguignon hat zwar richtig die Folgen dieses Systems erkannt — darauf aber aufbauen wollen, daß dieses System in der Constituante nicht vorherrschend gewesen und zum Gesetz erhoben sei, ist falsch. Bourguignon entkräftet in keiner Weise die Aussprüche der Konstituante, die für eine Auffassung der »fait« = konkrete Tatsachen spricht. Auch Mittermaier [19]) ist der Ansicht, die wir darlegten:

[16]) Vgl. Boitard, Leçons sur le Code pénal et d'instruction criminelle publiées par G. de Linage, 5. Edit. Paris 1851, p. 534.

[17]) Bourguignon, Mémoire, Quels moyens... etc., p. 50 ff., 53.

[18]) Bourguignon, loc. cit., p. 53.

[19] Mittermaier, Das deutsche Strafverfahren, Teil II, S. 569.

»Daß die Geschworenen nur Richter der Tat sein sollen und die Rechtsfrage dem Assisenhof überlassen müßten, schien den französischen Gesetzgebern ausgemacht.«

In demselben Sinne äußeren sich in der deutschen Literatur Zachariä [20]) und von Kräwel [21]). Eine Ausnahme macht Feuerbach [22]). Er sagt in den Betrachtungen über das Geschworenengericht, daß die französischen Gesetze vom September 1791 die Ansicht über Begriff und Umfang der Tatfrage mit der englischen Gesetzgebung teilten.

»Die Gesetzgeber hatten keineswegs die Absicht, den rechtlichen Teil der Tatfrage von dem rein historischen zu trennen[23]).« Er stützt sich dabei auf Bourguignon. Feuerbach kann als klarer Denker nicht begreifen, daß, wenn man Geschworene zum Schutz der Freiheit einrichtet, man ihnen gerade die Macht nicht zuerkennt, wodurch sie die Freiheit am besten zu schützen in der Lage gewesen wären. Seine Ansicht ist ebenso unrichtig, wie die von Bourguignon. Auch er macht den Fehler, daß er sagt, wenn die Geschworenen nicht subsumieren dürfen, dann ist die Jury kein Institut zum Schutz der Freiheit; sie sollte aber diesem Zweck gerade dienen, folglich kann sie nicht von der Subsumption entbunden sein.

Wie setzt sich die Auffassung der Konstituante nun in die Praxis um? Um festzustellen, ob bestimmte Tatsachen vorhanden sind oder nicht, führte man das Fragesystem ein. Hierbei kommt es zu den größten Verwirrungen. Man fragt alle Kleinigkeiten irgendeines Ereignisses ab und kommt zu einer ungeheueren Anzahl von Fragen. Trébutien [24]) spricht von Prozessen, in denen 6000 Fragen aufgeworfen wurden, Bourguignon [25]) von 3000 Fragen. Zwar mag sich die Menge der Fragen auch aus der großen Anzahl der Angeklagten erklären, trotzdem zeichnen sie die Sachlage. Die Fragen selbst wurden oft widersprechend beantwortet, eine Antwort hob die andere auf. Aus dem Wust der Fragen über die einzelnen Tatsachen mußte der Richter den gesetzlichen Tatbestand herausfinden. Daß er hierbei völlig freier Herr war, liegt auf der Hand. Zwar konnte man mit Sicherheit darauf rechnen, daß unter den vielen Fragen auch der gesetzliche Tatbestand eines Deliktes mitbestimmt und darin ent-

---

[20]) Zachariä, Das mündlich-öffentliche Verfahren mit Geschworenen im Königreich Hannover.

[21]) Arch. d. Kriminalrechts, Beiträge zur zweckmäßigen Einrichtung der Jury, Bd. 52, S. 410, Abs. 2.

[22]) Feuerbach, Betrachtungen über d. Geschworenengericht, S. 177.

[23]) Feuerbach, loc. cit., S. 204.

[24]) Trébutien, Cour élémentaire de droit criminel, Paris 1854, Teil II, p. 418.

[25]) Bourguignon, loc. cit., p. 84.

halten war, aber eine Kontrolle, daß der Richter diesen Tatbestand nun unter ein bestimmtes Delikt bringen müsse, bestand nicht.

Allmählich kommt man von der großen Anzahl der Fragen ab, man fragt genauer und kommt mit der Frage einer gewissen Subsumierung schon nahe. So führt Sirey [26]) ein Beispiel an:

»Est-il constant, qu'il ait été mêlé du poison dans un potage destiné spécialement au citoyen B. et qu'il en ait fait usage?«

Es ist die Praxis, die auf diesen Weg hindrängt, die sich nicht anders zu helfen weiß. Hier fragt man schon tatbestandsmäßig; der Richter, der zwar auch noch Freiheit in der Subsumierung hat, ist hier gebundener. Staatsrechtliche Erwägungen — das muß man festhalten — haben dabei keinerlei Einfluß ausgeübt.

Schwierig wird die Aufgabe, nach konkreten Tatsachen zu fragen, wenn es sich um Delikte handelt, die nirgends irgendwie bestimmt sind, z. B. bei der Notzucht (viol). Hier fragt man einfach nach dem Delikt »viol«.

Zusammenfassend darf man wohl sagen: Die französische Gesetzgebung war sich des grundsätzlichen Unterschiedes zwischen einem System, das die Jury subsumieren läßt, von einem solchen, das sie nur über konkrete Tatsachen erkennen läßt und dem Richter die Subsumption anheimstellt, nicht bewußt — so sehr sie auch das Dogma der Beschränkung auf die »bloße« Tat betont. Die Praxis korrigierte bei der Unmöglichkeit des Fragesystems die theoretisch unanfechtbar festgelegte Auffassung der Konstituante — aber auch hier wieder ohne Bewußtsein. Man glaubt, es wäre dasselbe, wenn die Jury über »viol« als Begriff erkennt, wie wenn sie über irgendwelche historische Ereignisse ihr Urteil fällt und der Richter dann diese unter einen gesetzlichen Tatbestand subsumiert. Daß in dem einen Fall die Jury mit über die Rechtsfrage und die Subsumption entscheidet, im anderen Fall diese dem Richter überläßt, ist in ihrer politischen Bedeutung der damaligen Zeit nicht aufgegangen. Der Richter selbst ist frei in der Subsumption, kleinere Beschränkungen, die die Praxis herbeiführt, haben nichts zu bedeuten. Das System, das ihn in seinen Befugnissen stark schwächen wollte, hat ihm durch eine falsche Auffassung der Quelle, der es entstammt, alle Macht gelassen.

---

26) Sirey, Recueil général des lois et des arêts en matière civile, criminelle, commerciale et de droit public, A. I, p. 31, 1801—1802.

Die Stellung des Gesetzbuchs über den Kriminalprozeß vom 17. November 1808.

Während der Code des délits et des peines vom Jahre IV im Art. 374 theoretisch die Auffassung des Gesetzes von 1791 über die »fait« beibehält, scheint der Code d'instruction criminelle vom Jahr 1808 sich zu einer anderen Auffassung bekennen zu wollen. Der Art. 337 stellt über die Fragen, die der Jury vorgelegt werden sollen, folgende Regelung auf:

> »La question résultant de l'acte d'accusation sera posée en ces termes:
>
> »L'accusé est-il coupable d'avoir commis tel meurtre, tel vol ou tel autre crime, avec toutes les circonstances comprises dans le résumé de l'acte d'accusation?«

Danach kann man meinen, daß den Geschworenen die Entscheidung über den gesetzlichen Tatbestand überwiesen werden soll. Der Artikel drückt es ja klar aus:

> »Tel vol, tel meurtre ou tel autre crime.«

Dies sind keine bloßen konkreten Tatsachen, sondern die Delikte selbst. Die Jury subsumiert hier [27]).

Feuerbach [28]) greift diesen Paragraphen denn auch für die Theorie auf, die er schon der Jury von 1791 beigelegt, und die wir als falsch ablehnen mußten, und sagt:

> »daß auf diese Weise die vollständige Tatfrage in ihren historischen und rechtlichen Bestandteilen zur Beurteilung der Geschworenen ausgesetzt und dadurch die Jury bei Wesen und Würde erhalten worden sei.«

Derselben Ansicht ist Mittermaier [29]), der hier den Übergang zu dem System der Qualifizierung durch die Jury sieht und v. Kräwel [30]). Sie wird in der Tat unterstützt von anderen Artikeln, die nicht so deutlich die Qualifizierung der Tat ausdrücken, die aber immerhin in diesem Sinn recht gut aufgefaßt werden können. So heißt es im Artikel 338:

> »S'il résulte des débats une ou plusieurs circonstances ag-

---

[27]) Vgl. Zambeaux, loc. cit., p. 202, Nr. 2.

[28]) Feuerbach, Betrachtung über das Geschworenengericht, S. 202 ff.

[29]) Mittermaier, Deutsches Strafverfahren, Teil II, S. 525 ff.

[30]) v. Kräwel, Archiv des Kriminalrechts, Jahrgang 1854, Beiträge zur zweckmäßigen Einrichtung der Schwurgerichte, S. 410.

gravantes, non mentionnées dans l'acte d'accusation, le président ajoutera la question suivante:

»L'accusé a-t-il commis *le crime avec* telle ou telle circonstance?«

Wenn die Jury nach dem Verbrechen gefragt wird, so muß man annehmen, daß sie nicht nur über Tatsachen entscheidet, sondern die Tatsachen unter ein bestimmtes Delikt subsumiert.

Der Art. 345 ist in demselben Sinn gefaßt:

»Le chef du jury les interroga d'après les questions posées, et chacun d'eux répondra ainsi qu'il suit:

1°.......

2° S'il pense (le juré) que le fait est constant, et que l'accusé en est convaincu, il dira: Oui, l'accusé est coupable d'avoir commis *le crime*, avec toutes les circonstances comprises dans la position des questions.«

3°.........

Trotzdem all diese Artikel für eine Qualifizierung der Tat durch die Jury sprechen, vertritt eine Anzahl von französischen Schriftstellern den Standpunkt, daß die Jury niemals qualifizieren dürfe [31]). Auch sie kann sich auf Bestimmungen des Gesetzes berufen. Wir kommen darauf noch zu sprechen. Um zu dieser Frage Stellung zu nehmen, gilt es festzustellen, welche Auffassung im Staatsrat, der über die einzelnen Artikel seine Entscheidung getroffen hat, hinsichtlich der Stellung der Jury zur Tat geherrscht hat.

In der Sitzung vom 19. Juni 1804 (30 prairial an XII) sagt Siméon [32]) über die Befugnisse der Jury:

»Le jugement criminel doit dépendre de la conviction des jurés, laquelle résulte des faits et des circonstances particulières de chaque cause. Quand les jurés ont donné leur décision, il n'y a plus que la loi à appliquer....«

Hier finden wir die alte Auffassung von »fait«. 4 Jahre später wird wiederum über den Code d'instruction criminelle beraten. Outard [33]), neben Treilhard eines der hervorragendsten Kommissionsmitglieder, steht vollkommen auf altem Boden. Er sagt, es gäbe eine große Anzahl von Verbrechen, deren Name zugleich ein rechtliches Moment enthält und führt an »le faux« und »la banquéroute«. Auch hier will er die Jury nicht nach diesem Rechtsbegriff gefragt wissen, wie es die Praxis oft tat, sondern er löst in starrer Anwendung des kon-

---

[31]) Vgl. Daniels, Grundsätze d. rhein. und franz. Strafverfahrens, S. 198 ff., Boitard, loc. cit., p. 524, Zambeaux, loc. cit., p. 212 ff.

[32]) Locré, loc. cit., t. 24, p. 83.

[33]) Locré, loc. cit., t. 25, p. 30.

kreten Tatsachenbegriffs den Rechtsbegriff »faux« in die einzelnen tatsächlichen Handlungen auf, die den Begriff ausmachen. Er sagt, wenn die Jury gefragt würde:

»Y a-t-il un faux? Le faux est-il constant?«

dann könnte sie antworten:

»Vous ne nous demandez pas ce que nous pouvons vous dire, et vous nous demandez ce que nous ne sommes pas censés savoir; nous pouvons bien déclarer que tel notaire, au lieu de rédiger le bail consenti par tel propriétaire, lui a fait signer un contrat de veute; mais nous ne sommes pas obligés d'affirmer que cette substition d'un contrat à autre constitue un faux: si cette question survenait dans la direction de nos affaires personelles, c'est à des jurisconsultes tels que vous que nous en ferions la question.«

Dieselbe Auffassung geht durch seine ganze Rede hindurch [34]).

Treilhard [35]), eifrigster Anhänger und Verteidiger der Jury, vertritt in der Sitzung vom 7. September 1808 genau denselben Standpunkt wie Outard:

»Qu'on cesse actuellement de nous répéter que les jurés sont dépourvus de la connaissance du droit et des formes judiciaires. Et quel besoin les jurés ont-ils de connaître le droit et les formes? Est-ce aux jurés qu'est confiée l'observation des formes et des lois? Ils auront, pour prononcer sur un fait, des qualités bien plus précieuses; sur la justesse d'esprit, la droiture du coeur et la connaissance du monde.«

Nachdem sich die bedeutendsten Kommissionsmitglieder in diesem Sinn ausgesprochen haben, wäre es merkwürdig, wenn man mit der Einführung der Art. 337, 338, 345 einen ganz neuen Standpunkt einnehmen und die Jury qualifizieren lassen wollte. Entscheidend dafür ist die Sitzung vom 16. September 1808, in der über die Art. 337—339 verhandelt wurde [36]).

Berichterstatter ist auf Befehl des Kaisers Faure, er geißelt die ungeheure Weitschweifigkeit des bisherigen Fragesystems mit all seinen Nachteilen. Die Zersplitterung führt zu Widersprüchen und Unzuträglichkeiten, der Geschworene verliert die Übersicht. Faure erörtert weitschweifig das bisherige System; er kommt zu dem Ergebnis, die vielen Fragen zusammenzufassen und die Jury über diese zusammengefaßte Fragen entscheiden zu lassen. Diesem Zweck soll

---

34) Locré, loc. cit., t. 25, p. 31, p. 32, Abs. 1, Abs. 3, p. 48.
35) Locré, loc. cit., t. 25, p. 58.
36) Locré, loc. cit., t. 25, p. 497.

der Art. 337 dienen. Daß Faure [37]) den »jurés« die Übertragung der rechtlichen Würdigung nicht zubilligen will, sagt er:

»Mais comme les jurés, qui sont juges du fait, sont censés ignorer les dispositions pénales, et que d'ailleurs l'application de ces dispositions est dévolue exclusivement aux juges du droit,«

ebenso wie der Comte de Ségur [38]):

»Il ne faut soumettre aux jurés que le fait simple.«

Wenn wir die Ausdrücke »tel meurtre, tel vol« lesen, dürfen wir nicht verkennen, daß »meurtre« und »vol« Begriffe sind, die dem Publikum so geläufig sind, daß aus ihnen der Rechtsbegriff hinter dem Tatsachenmäßigen zurücktritt. Wenn man von Stehlen redet, verbindet sich damit sofort der Begriff der Tatsachen im Kopf des einfachsten Menschen. Ebenso ist »tel autre crime« zu verstehen. Es bedeutet Zusammenfassung der Tatsachen — den Fall, über den die »jurés« zu entscheiden haben. Es muß zugegeben werden, daß, wenn man den Artikel liest, die Überzeugung aufkommen kann: hier ist eine entscheidende Wendung eingetreten, die Jury soll qualifizieren. Die Auffassung des Staatsrats widerstreitet dem aber energisch, es ist keine Wandlung eingetreten, die Auffassung über die »fait« ist dieselbe geblieben, der Art. 337 enthält lediglich Vorschriften über eine zusammenfassende Fragestellung, ist in seiner Fassung ungenau und geeignet, etwas anderes vorzutäuschen als was man mit ihm gewollt hat.

Als Kronzeuge für die Auffassung der »fait« in dem hier dargelegten Sinne soll zum Schluß Napoleon [39]) selbst angeführt werden. Er sagt in derselben Sitzung des Staatsrats:

»En faisant déclarer par le jury que l'accusé est coupable d'un fait réputé crime par le Code pénal faut-il laisser les juges qualifier le crime, prononcer que c'est un vol, un parricide, un assassinat? Voilà ce que personne ne veut.«

Also niemand will, daß der Geschworene subsumiert und erklärt, daß in bestimmten Tatsachen ein im Gesetz festgelegtes Delikt enthalten ist.

Der prince Archichancellier [40]) fügt den Worten Napoleons hinzu:

»Qu'on pourrait faire prononcer par le jury sur la qualité du crime, et cependant autoriser les juges à en déterminer la gravité d'après les circonstances.«

---

37) Locré, loc. cit., t. 25, p. 498, Abs. 8.
38) Locré, loc. cit., t. 25, p. 501,
39) Locré, loc. cit., t. 25, p. 507.
40) Locré, loc. cit., t. 25, p. 507.

Man könnte also die Jury über das qualifizierte Delikt erkennen lassen, man tut es aber nicht.

Es hat den Anschein, daß im Gegensatz zu der Konstituante, die glaubte, mit der Erkennung der Jury über die Tatsachen wäre alles getan — die gar nicht sah, welche Machtstellung dem Richter durch die Möglichkeit der Subsumierung gegeben wird, die Kommission, die über den Code d'instruction criminelle zu beraten hatte, wenigstens teilweise bewußt mit dem Ziel: Stärkung der Stellung des Richters, die alte Auffassung beibehalten hat. Einem so klaren Kopf wie Napoleon ist es sicherlich nicht entgangen, daß die Jury dadurch, daß man sie nicht über das Delikt selbst entscheiden läßt, zu einem bedeutungslosen Institut herabgedrückt wird. Seine ganze Haltung gegenüber der Jury läuft darauf hinaus, sie zu schwächen und den staatlichen Richter, der durch die Neuorganisation der Gerichte leicht dem Einfluß der Regierung unterworfen werden kann, in seiner Position zu stärken. Napoleons oben angeführter Ausspruch läßt jedenfalls den Schluß zu, daß er aus politischen Momenten für die Aufrechterhaltung des bisher bestehenden Zustandes sich ausspricht.

Unbedingt muß man das bei dem prince Archichancellier annehmen. Er erkennt die Sachlage und drückt das deutlich genug in seinen Worten aus.

Die Gedanken, die die Kommission des Staatsrats bei der Abfassung des Code d'instruction criminelle hinsichtlich der Tat bewog, finden wir in einer Reihe von Artikeln klar niedergelegt, die im vollkommenen Widerspruch zu der Auffassung stehen, die man, ohne die Verhandlungen des Staatsrats zu kennen, von den Art. 337, 338, 345 haben könnte. In Betracht kommt zunächst der Art. 342, der in seinen entscheidenden Stellen folgendermaßen gefaßt ist:

> »Elle (la loi) ne leur (aux jurés) fait que cette seule question, qui renferme toute la mesure de leurs devoirs: Avez-vous une intime conviction?
>
> Ce qu'il est bien essentiel de ne pas perdre de vue, c'est que toute la délibération du jury porte sur l'acte d'accusation; c'est aux faits qui le constituent et qui en dépendent, qu'ils doivent uniquement s'attacher; et ils manquent à leur premier devoir, lorsque pensant aux dispositions des lois pénales....«

Die rechtliche Beurteilung der Strafbarkeit wird hier den Geschworenen vorenthalten, sie werden streng verwarnt, an die Dispositionen der Strafgesetze zu denken [41]), ihre innere Überzeugung muß sich auf

[41]) Vgl. die Würdigung des Art. 342 bei Meyer, Tat- und Rechtsfrage, S. 70 ff.

konkrete Tatsachen beziehen. Faustin Hélie [42]) würdigt die Entscheidung der Jury nach ihrer inneren Überzeugung mit folgenden Worten:

> »Or, ... la certitude morale, ne peut saisir que l'existence et la moralité des faits. Dès qu'il s'agit, non plus de l'appréciation des faits, mais de ses rapports avec la loi, de sa criminalité rélative et légale, *ce n'est plus à »le conscience qu'il appartient de décider, mais à la loi.*«

Der Art. 362 schreibt vor, daß nach der Schuldigsprechung des Angeklagten

> »le procureur général fera sa réquisition à la cour pour l'application de la loi.«

alsdann fragt nach Art. 363 der Präsident den Angeklagten, ob er nichts zu seiner Verteidigung zu sagen hat, und es heißt:

> »L'accusé ni son conseil ne pourront plus plaider que le fait est faux, mais seulement qu'il n'est pas défendu ou qualifié délit par la loi, ou ...«

Der Angeklagte darf also nicht den Wahrspruch der Geschworenen hinsichtlich des Bestehens der Tatsachen anzweifeln, — die Jury ist ja unfehlbar und der Ausdruck der höheren Gerechtigkeit —; er darf aber anführen, daß die Tatsachen nicht unter ein Gesetz fallen; dies hat der Gerichtshof zu beurteilen. Zambeaux [43]) beurteilt den Art. 363 in folgendem Sinn:

> »l'article 363, qui suppose qu'après vérification du fait par le jury sa qualification légale est mise en question....«

Dabei bedeutet Qualifikation dasselbe wie Subsumierung. Zambeaux führt dies an, man findet es überall:

> »Qualifier un fait, c'est décider que le fait rentre dans la définition du delit telle qu'elle est formulée par la loi.«

Der Artikel 363 zeigt also klar, daß hier theoretisch die deutliche Unterscheidung gemacht wird zwischen der Erkennung über konkrete Tatsachen und ihrer Subsumierung.

In demselben Sinn ist Art. 364 gefaßt:

> »La cour prononcera l'absolution de l'accusé, si le fait dont il est déclaré coupable n'est pas défendu par une loi pénale.«

Es geht daraus hervor, daß das Gericht darüber entscheidet, ob die für feststehend erklärten Tatsachen unter ein Gesetz fallen. Wenn die Jury darüber entscheiden würde, müßte sie freisprechen.

Ausdrücklich betont den Umstand, daß das Gericht entscheidet, noch einmal Art. 365:

---

[42]) Traité d'instruction criminelle, n° 3621.

[43]) Zambeaux, loc. cit., p. 201, Nr. 4.

»Si ce fait est défendu, la cour prononcera la peine établie par la loi, même dans le cas où, d'après les débats, il se trouverait n'être plus de la compétence de la cour d'assises.«

All die hier angeführten Artikel entsprechen der Auffassung des Staatsrats über die »fait«. Sie sind somit als starke Argumente gegen die in Art. 337, 338, 345 vertretene, scheinbar andere Auffassung, zu verwerten. Wenn bei einer Neuordnung der alte Sinn in den neuen Gesetzen beibehalten werden und nur eine andere Fassung gefunden werden soll, diese Fassung aber unklar ist und zu Mißverständnissen Anlaß gibt, so gilt trotzdem an und für sich schon der Sinn, den der Gesetzgeber ausgedrückt haben wollte. Er gilt erst recht, wenn der Gesetzgeber diese seine Auffassung in anderen Artikeln ausdrücklich noch niedergelegt hat. Die Motive des Gesetzgebers, zusammen mit den Artikeln, die die Ansicht des Gesetzgebers klar zum Ausdruck bringen, wirken dahin, daß auf jeden Fall diese Ansicht auch dort, wo sie nicht klar ist, gelten muß.

So können wir denn zusammenfassend sagen: Theoretisch hat der Code d'instruction criminelle von 1808 gegenüber dem von 1791 in der Auffassung der »fait« nichts Neues gebracht; es liegt theoretisch nach wie vor so, daß die Jury lediglich über konkrete Tatsachen entscheidet, der Richter sie unter das Gesetz subsumiert. Die Jury ist im großen und ganzen machtlos, sie kann den Zweck, dem sie dienen soll, nämlich ein Schutz gegen die Willkür des Richters zu sein, nicht erfüllen. Ein Umstand bei dieser Machtenkleidung der Jury scheint jedoch bedeutungsvoll gegenüber früher zu sein: während man in der Konstituante glaubte, daß man dadurch, daß die Jury die Tat würdige, einen gewaltigen Schutz gegenüber der Willkür der Richtergewalt habe, und gar nicht sah, daß in der Subsumierung die Gefahr für die Freiheit liegt — der Übergang vom formellen Beweisverfahren zur freien richterlichen Beweiswürdigung ließ das Moment der Subsumierung in den Hintergrund treten [44] —, bekommt man bei den Verhandlungen über den Code d'instruction criminelle von 1808 den Eindruck, als ob hier eine Wandlung vorgegangen wäre. Napoleon, zum mindesten aber sein Archichancellier, hat erkannt, daß in der Trennung der Befugnisse der Jury eine Einschränkung der Macht der Geschworenen und eine Stärkung der Stellung des Richters liegt und gerade aus diesem Grunde dies System beibehalten.

Wir sahen, daß die Gerichtspraxis von 1791 an die Qualifizierung der Tat im Gegensatz zur Theorie in all den Fällen zuließ, in denen

---

44) Vgl. S. 133, 134 ff.

das Gesetz gewisse Rechtsbegriffe aufgestellt hatte, ohne anzugeben, was es darunter versteht. So bei »viol«, »vol«, auch in den Fällen der »légitime défense« und »attentat à la pudeur«, »complot« und »faux«. Daneben schlug die Praxis hier und da noch einen anderen Weg ein, sie stellte ihre Fragen so, daß sie dem Tatbestand des Gesetzes sehr nahe kamen.

Die Praxis nach dem Code d'instruction criminelle von 1808 behielt den ersten Weg bei. So finden wir in Sirey [45]) folgendes Beispiel:

> »N'est-il coupable d'avoir le 8 sept. dernier, commis un attentat à la pudeur, avec violence, envers la nommée N. âgée de sept ans et demis?«

Oder: [46])

> »N'est-il coupable d'offenses envers des membres de la famille royale par des discours proférés dans un lieu public, le 17 février dernier?«

Der 2. Weg wurde von ihr weiter ausgebaut. Es bildet sich allmählich die Regel, daß man in die Frage an die Geschworenen den gesetzlichen Tatbestand eines Deliktes aufnimmt [47]). Diese Regel wird fast immer bei der Frage nach Versuch und Teilnahme eingehalten. So fragt man, ob der N.

> »a provoqué à (une certaine) action par dons, promesses, menaces, abus d'autorité ou de pouvoir, machinations ou artifices coupables.« Art. 60 Code pénal.

oder ob die Absicht des N.

> »a été manifestée par des actes extérieurs et suivie d'un commencement d'exécution«, ob sie »n'a été suspendue ou n'a manqué son effet que par des circonstances fortuites ou indépendantes de la volonté de l'auteur.« [48]) (Art. 2).

Die Frage nach den gesetzlichen Merkmalen des Verbrechens wird als reine Tatfrage erklärt [49]).

Von den französischen Schriftstellern wird diese Fragestellung als die Regel bezeugt [50]).

Nur bei einigen wenigen gesetzlichen Merkmalen darf die Jury über Rechtsbegriffe nicht entscheiden, z. B. den Umstand, daß eine gewisse Münzsorte »cours légal« hat oder zu den »monnais d'argent«

45) Sirey, loc. cit., 1815, I, p. 221.
46) Sirey, loc. cit., 1820, I, p. 322.
47) Sirey, loc. cit., 1813, I, p. 46.
48) Sirey, loc. cit., 1815, I, p. 89, 398.
49) Vgl. Trébutien, Cours élémentaire de droit criminel, Paris 1854, p. 417 ff.
50) Boitard, Leçons sur les Codes, p. 542.

gehört. Hier hat der Kassationshof ausdrücklich eingegriffen, wenn die Jury über diese Rechtsbegriffe ihre Entscheidungen traf [51]). Wenn man die Geschworenen nach dem gesetzlichen Tatbestand fragt, so ist das nur eine scheinbare Aufrechterhaltung des Grundsatzes, daß sie über die Tatsachen zu entscheiden haben. In Wahrheit setzen sie sich darüber hinweg und qualifizieren. Wenn auch der Richter das Facit aus dieser tatbestandsmäßigen Qualifikation ziehen muß und erklärt, es liegt das und das Verbrechen vor, so ist es tatsächlich doch durch die Jury bestimmt worden. Man hätte ebensogut das Prinzip aufgeben können und die Jury allgemein über das Delikt, so wie es im Gesetz bezeichnet ist, entscheiden lassen können.

Von dieser Verschiebung der Befugnisse der Jury will vor allem Boitard [52]) gar nichts wissen. Er sieht klar, daß die Praxis über die theoretische Festlegung der Befugnisse der Jury hinausgeht.

Warum hat man nun in der Praxis diese Verschiebung der Befugnisse der Jury zugelassen? Einmal wohl deshalb, weil es bei bestimmten Delikten sich nicht anders machen ließ als mit dem Begriff selbst zu fragen. Dann aber vielleicht auch aus dem Grunde, daß die Geschworenen bei schwierigen Fällen, wenn sie nach konkreten Tatsachen gefragt wurden und nicht wußten, welches Delikt der Richter daraus formt, andererseits ihnen dies hinsichtlich des Ausmaßes der zu wählenden Strafe wichtig erschien — sie ließen sich ja trotz aller gesetzlichen Verbote niemals davon abbringen, die Strafe mit in Betracht zu ziehen —, von sich aus das Delikt bestimmten und so einfach ihre Kompetenz überschritten. Wurden sie in ihre Grenzen zurückgewiesen, so verneinten sie bei einem ähnlichen schwierigen Fall — selbst gegen ihr Gewissen — das Bestehen der konkreten Tatsachen, so daß überhaupt kein Delikt gebildet werden konnte [53]). Es macht sich also hier dasselbe Moment geltend, das bei der Bildung der Strafen eine so große Rolle spielte — die Jury korrigiert. Die Jury wird die konkreten Tatsachen nicht verneinen, wenn sie selbst die Möglichkeit besitzt, den Tatbestand, aus dem der Richter die Strafe entnimmt, zu bestimmen. Freilich tritt als wichtiges Moment noch hinzu, daß die Jury auch über die Strafe mitentscheidet, denn sonst wird sie trotz der Möglichkeit der Subsumption bei zu harten Strafen freisprechen.

Zusammenfassend läßt sich also sagen:

---

[51]) Vgl. Meyer, Tat- und Rechtsfrage, S. 80.

[52]) Boitard, loc. cit., p. 544.

[53]) Dies nimmt Meyer an: Tat- und Rechtsfrage, S. 95. Er behauptet, aus der zwitterhaften Stellung der franz. Jury erklärt sich die vielfache Überschreitung ihrer Kompetenz.

In der Zeit nach dem Code d'instruction criminelle vom Jahre 1808 entscheidet die Jury, obwohl der Code rein theoretisch auf dem Standpunkt von 1791 stehen geblieben ist, immer mehr über die Subsumierung der konkreten Tatsachen unter den gesetzlichen Tatbestand.

Immerhin steht dem Richter während des größten Teils der französischen Revolutionszeit die Subsumierung und damit eine an und für sich große Machtstellung zu. Durch Unkenntnis über das englische System hat er sie bekommen. Niemand merkte in der Konstituante, welcher Befugnisse man sich damit begab. In der Kommission für den Code d'instruction criminelle vom Jahre 1808 scheint Napoleon bewußt das System beibehalten zu haben, um die Jury machtlos zu erhalten. Im allgemeinen wird man sich aber auch in der Folgezeit nicht über die Tragweite der verschiedenen Befugnisse der Jury klar, je nach der Auffassung der »fait«. Lediglich die Praxis drängt auf die Umstellung, ohne bewußt neue Abgrenzungen der Machtbefugnisse zwischen Jury und Richtertum vornehmen zu wollen.

2. Die Freiheit des Richters bei der Abgrenzung des erlaubten vom verbotenen Tun im Code pénal von 1791.

Das Prinzip der Rechtssicherheit in den Deliktstatbeständen.

Nachdem im vorhergehenden klargelegt wurde, daß dem Richter trotz Einführung der Jury die Subsumierung der konkreten Tatsachen unter das Gesetz in der französischen Revolutionszeit oblag und er sie praktisch fast bis gegen das Ende ausübte, gehen wir nunmehr dazu über, festzustellen, wieweit das Gesetz ihm freies Ermessen in der Abgrenzung des erlaubten vom verbotenen Tun überließ oder dabei enge Tatbestände seine Ermessensfreiheit begrenzten. Wir werden uns nicht bei jedem einzelnen Delikt fragen: subsumiert hier wirklich der Richter sowohl in Theorie wie Praxis, oder überläßt die Praxis vielleicht hier den Geschworenen die Subsumption, sondern werden allgemein das Verhältnis von Gesetz und Richterspruch betrachten.

Zunächst soll die Freiheit des Richters in der Abgrenzung der Tatbestände im Code pénal von 1791 behandelt werden.

Man muß dabei Folgendes beachten:

Montesquieu und Beccaria wollten den Richter nach der Doktrin der Gewaltenteilung auf die formale Aufgabe einer logischen Subsumption beschränken. Beccaria erhob die Forderung, daß die Richter das Gesetz nicht interpretieren dürften.

In den Generalständen finden wir diese Forderung wieder. Sogar jeder Kommentar soll verboten werden. In der Sitzung der Konstituante vom 29. März 1790 drückt der Berichterstatter Duport dieselben Wünsche aus:

»ainsi toute explication, toute interprétation de la loi doit leur être interdite ...«

Feuerbach wendet sich in der Kritik des Kleinschrodt'schen Entwurfs gegen die Auffassung, als habe Beccaria damit jede wissenschaftliche Bearbeitung bestehender Gesetze verbieten wollen. Er sagt: gewiß, Beccaria hätte gelacht, wenn er sich so verstanden gefunden hätte [54].

Eine gewisse Erklärung, Interpretation des Gesetzes, ist ja auch dann notwendig, wenn der Richter die konkreten Tatsachen subsumiert. Aber dies ist eine Interpretation, die weit verschieden von dem ist, was man zur Zeit Beccarias unter Interpretieren verstand. Wenn man den Forderungen Beccarias, die in dem Gedanken der Rechtssicherheit des Bürgers gipfeln, gerecht werden will, so gibt es nur ein System für den Aufbau der strafrechtlichen Tatbestände: Die Beschränkung auf faktische, deskriptive Begriffsbildung, die zu einer »rein intellektuellen Tätigkeit des Richters: Feststellung und Subsumption von Tatsachen« führt [55].

Alle normativen Tatbestandselemente, solche die »vom urteilenden Richter ein ergänzendes Werturteil fordern, also sozusagen nur eine Blankettbewertung geben [56]«, müssen aus den Tatbeständen verschwinden [57]. Zwar finden wir oft deskriptive, faktische Tatbestandselemente ganz erheblich von normativen Elementen durchsetzt. Mezger [58] hat dies in seiner Abhandlung über das Wesen des Tatbestandes nachgewiesen. Es wird sich dabei meistens um spezifisch nicht juristische Tatbestandsmerkmale handeln, Grünhut [59] bezeichnet sie als »normative Tatbestandsmerkmale allgemeinen Charakters«. Es ist gewiß schwierig, Tatbestände zu formulieren, bei denen diese Durchsetzung der deskriptiven mit normativen Tatbestandsmerkmalen allgemeinen Charakters nicht vorhanden ist; um aber den Richter »auf eine erkenntnismäßige kognitive Tätigkeit« [60] zu beschränken, müssen alle normativen Tatbestandsmerkmale allgemeinen Charakters ebenso verschwinden.

---

54) Feuerbach, Kritik des Kleinschrodt'schen Entwurfes, II, S. 21, vgl. auch: Grünhut, Anselm v. Feuerbach und das Problem der strafrechtlichen Zurechnung, S. 174.

55) Grünhut, Begriffsbildung, S. 7.

56) Mezger in Träger-Festschr., Das Wesen des Tatbestandes, S. 225.

57) Vgl. die Beispiele von Reichel in der Festg. f. Stammler, S. 310; ebenso d. Beispiel bei Köhler: Inwiefern ist d. richterl. Ermessen im Strafrecht zugelassen? S. 61, 64.

58) Mezger, loc. cit., S. 218.

59) Grünhut, loc. cit., S. 5.

60) Mezger, loc. cit., S. 218.

Das Gesetz verlangt hier vom Richter eine Beurteilung »auf Grund allgemeiner Lebenserfahrung, eine Stellungnahme auf weltanschaulicher Grundlage«[61]. Hierin liegt eine Ermessensfreiheit des Richters, die im strengen Rechtsstaat keinerlei Platz hat. Nach den Forderungen der französischen Revolution gibt es also nur ein Mittel, um den Zustand erhöhtester Rechtssicherheit herbeizuführen: das Gesetz nimmt dem Richter die Aufgaben einer rechtlichen Wertung ab und verweist darauf, die ihm »vom Gesetz gereichten Wertungen«[62] auf den gegebenen Tatbestand anzuwenden durch seine Subsumption. Grünhut drückt diese Aufgabe des Gesetzes folgendermaßen aus[63]: »Es ist Aufgabe der Gesetzgebung, vorweggenommene richterliche Werturteile zu Tatbeständen zu vertypen.« Zu dem gleichen Schluß kommt v. Weber[64]: die Aufgabe des Richters ist Tatsachenfeststellung. Der Gedanke Bülows[65], daß der Richter mit seiner Subsumierung gleichzeitig den Anstoß zu neuem Recht gebe, daß er das Recht fördere, muß bei dem System, wie es die Aufklärung fordert, naturgemäß zurücktreten[66].

Soviel sei vorausgeschickt. —

Wir gehen nunmehr dazu über, festzustellen, inwieweit das Gesetz von 1791 diesen Forderungen des Rechtsstaates entspricht. Die Worte des Gesetzes sind die Mittel zur Verwirklichung gewollter Zwecke[67]. Sie erfüllen »eine ethische Bedeutung«[68], sollen das umsetzen, was eine Zeitepoche bewegt hat.

Wir behandeln nun nicht etwa Delikt für Delikt, um in jedem einzelnen Fall festzustellen, inwieweit es den Anforderungen unbedingter Rechtssicherheit für den Bürger entspricht, sondern wir greifen bestimmte Delikte heraus, die am besten geeignet sind, zu zeigen, ob und inwieweit richterliches Ermessen vorliegt. Auf diese Weise bekommen wir, ohne zu weit gehen zu brauchen, ein klares Bild über die Art und Weise, wie der Code pénal von 1791 die Gedanken der Revolution umgesetzt und dem Bürger Rechtssicherheit gewährt hat.

---

61) Grünhut, loc. cit., S. 5.

62) v. Weber, Rechtssicherheit und Tatbestandsbildung in der Strafrechtsreform, S. 1.

63) Grünhut, loc. cit., S. 5.

64) v. Weber, loc. cit., S. 1.

65) Bülow, Gesetz und Richteramt, Leipzig, S. 6.

66) Vgl. Karl Schmitt, S. 65. Dazu: Benthams Gedanken, zitiert bei Schmitt, S. 65/66.

67) Reichel, in der Festg. f. Stammler, S. 295.

68) Wach, Legislative Technik, S. 2.

Hochverrat und Landesverrat [69]).

Ausdrücklich hatten die Generalstände verlangt, daß das Delikt des Hochverrats bestimmt würde [70]). Die größte Willkür des Richters war bisher mit diesem Delikt getrieben worden. Die Konstituante versuchte, dem Wunsch nachzukommen. Sie verwarf dabei den Begriff des alten Rechts »lèse-majesté« und stellte neue Begriffe auf. Wir finden die Materie des Hochverrats, ungefähr im Sinn des deutschen Rechts, aber viel weitergehend, unter den »Crimes contre la sûreté intérieure de l'État« [71]) und unter den »Crimes et attentats contre la Constitution« geregelt [72]).

Maßgebend sind die Art. I und II in dem Abschnitt »Crimes contre la sûreté intérieure de l'État«. Der Art. I spricht zunächst vom Komplott und bestraft jedes Komplott, das gegen die Person des Königs, des Prinzregenten oder des vermutlichen Thronerben gerichtet ist, mit dem Tode.

Eine Definition des Komplottes gibt das Gesetz nicht. Dem »complot« wird im selben Artikel ein »attentat« gegen die aufgezählten Personen in der Bestrafung gleichgesetzt, wiederum ohne Begriffsbestimmung. Soll man es gleichsetzen mit »tentative«, wie es bei den alten Ordonnanzen, z. B. der von Blois von 1579, üblich ist? Diese spricht von denjenigen, die sich erbieten — für Geld oder einen anderen Preis — zu töten und sagt zum Schluß:

> »nous voulons la seule machination et attentat, estre puny de mort, encore que l'effet ne s'en soit ensuivy, dont aussi n'entendons donner aucune grâce et remission« [73]).

Dieselbe Gleichsetzung finden wir im Art. 5 des Edikts vom Juli 1682:

> »Ceux qui seront convaincus d'avoir attenté à la vie de quelqu'un par vénéfice et poison, en sorte qu'il n'a pas tenu à eux que le crime n'ait été consommé seront punis de mort [74]).«

Es ist möglich, daß die Gesetzgeber das »attentat« in dem Sinne verstanden haben wollten [75]).

Dann ist aber immer noch unklar, wieweit der Versuchsbegriff gehen soll und wo die Abgrenzung zu finden ist. Die Ausdrücke

---

69) Vgl. van Calker, VD. Bes. T., 27, Bd. I, S. 13.

70) Desjardins, Les cahiers des États généraux etc., p. 155/159, 170/71.

71) Vgl. II. part., titre I, II. sect. du Code pénal de 1791.

72) II. part., titre I, III. sect.

73) Recueil d'édits et d'ordonnances royaux augmenté sur l'édition de Pierre Neron et Girard. Paris 1720, t. I, p. 606.

74) Recueil d'édits et d'ordonnances, loc. cit., t. II, p. 176.

75) Vgl. zu »attentat« = »tentative«: Jousse, Traité de la justice crim., loc. cit., t. III, p. 674 ff., 749, 250, A. IV, p. 10, 42; Muyart de Vouglans, Les lois crim., loc. cit., p. 7, 187, 191.

»complot« und »attentat« kehren wieder in den Art. 1 und 4 des Abschnitts »Crimes et attentats contre la Constitution«, ebenso tauchen »attentat« und »conspiration« in den Art. 6 und 7 neben einem neuen Begriff, der »machination«, in Art. 15 auf.

Zu beachten ist, daß auf den Begriffen »attentat« und »complot« die sämtlichen Unterabteilungen der Verbrechen »contre la sûreté intérieure de l'État« aufgebaut sind. Umso schlechter ist der Bürger gestellt, der wissen will, was er tun und was er nicht tun darf. Er sieht sich Begriffen gegenüber, die für ihn nichtssagend sind, die ihn auch unter der neuen Gesetzgebung nicht viel besser als früher stellen. Der Willkür des Richters ist auch hier freie Bahn gelassen.

Die Materie des Landesverrats ist unter dem Abschnitt:

»Des Crimes contre la sûreté extérieure de l'État«

behandelt. Der Begriff »Landesverrat« ist auch hier nicht gebraucht.

Der Code stellt an die Spitze der Bestimmungen zum Schutz der »sûreté extérieure de l'État« im Art. 1 die landesverräterische Friedensgefährdung.

Er bestraft jeden mit dem Tode, der überführt ist, mit ausländischen Mächten oder ihren Agenten:

»d'avoir pratiqué des machinations (Anschläge), ou entretenu des intelligences (geheime Verbindungen), pour les engager à commettre des hostilités, ou pour leur indiquer les moyens d'entreprendre la guerre contre la France«.

Dabei ist es gleichgültig, ob diese »machinations ou intelligences« wirklich Feindseligkeiten nach sich gezogen haben. Wo die Grenzen der »machinations« und »intelligences« liegen, ist nicht gesagt. Es ist dies bedeutsam für den Fall, daß keine Feindseligkeiten eintreten. Zwar wird der Kreis der »machinations et intelligences« dadurch enger begrenzt als sie dazu dienen müssen, um die Mächte »engager à commettre des hostilités«. Doch ist auch hier wieder dem Ermessen des Richters anheimgestellt, diese Absicht aus der Sachlage zu bejahen.

Art. 2 ist speziell auf die landesverräterische Friedensgefährdung eines Ministers oder kommandierenden Generals abgestellt.

Die Behandlung der »landesverräterischen Waffenhilfe« in Art. 3 ist klar:

»Tout Français qui portera les armes contre la France, sera puni de mort.«

Wenig Rechtssicherheit bietet Art. 4, der die »landesverräterische Begünstigung« in reicher Kasuistik bringt. Wir finden hier die Begriffe »manoeuvre« und »intelligence«, deren Grenzen durch die nachfolgende Aufzählung der Handlungen, auf die sie sich beziehen sollen, wohl in gewissem Sinn bestimmt sind, aber trotzdem dem Richter eine starke Ermessensfreiheit einräumen.

Dieselben Fälle wie Art. 4 trifft der Art. 5 hinsichtlich der Bundesgenossen in Kriegszeiten.

Der Verrat von Staatsgeheimnissen oder militärischen Operationen im allgemeinen an eine fremde Macht durch einen Beamten wird durch Art. 6 in Strafe gestellt.

Er ist in seiner Fassung klar, lediglich der Begriff der »opération militaire« könnte zu Zweifeln Anlaß geben neben »méchamment« und »traitreusement«.

Der Art. 7 enthält ein weiteres Beamtendelikt, die Verletzung von bestimmten militärischen Geheimnissen durch einen Beamten:

> »Tout fonctionnaire public, à raison des fonctions qui lui sont confiées...«

Hier sind die einzelnen Objekte, die verraten werden müssen, genau aufgezählt. »Fortifications, »arsénaux« usw. Auch dieser Artikel ist im großen und ganzen klar. — Der Code kennt also keinen Verrat militärischer Geheimnisse durch Nichtbeamte [76]).

Zusammengenommen bieten die Tatbestände über den Landesverrat, obwohl auch hier freies Ermessen des Richters walten kann, dem Bürger mehr Sicherheit als die des Hochverrats. Sie entsprechen aber damit keineswegs der Formulierung, die man bei einer strengen Bindung des Richters annehmen müßte.

Widerstand gegen die Staatsgewalt [77]).

Im alten französischen Recht unterschied die Ordonnanz von 1670 [78]) zwei Arten des Widerstands gegen die Staatsgewalt (rébellion):

1. Widerstand gegen Befehle, die direkt vom König oder seinem Rat ausgehen und
2. Widerstand gegen die Justiz, alle Befehle, Erlasse und Urteile, die von den Gerichten ausgehen.

Der Widerstand gegen die Staatsgewalt ist immer ein Majestätsverbrechen, selbst wenn es sich nur um einen Widerstand gegen die Justiz handelt; denn der König ist der oberste Herr der Justiz, die Beamten, die die Erlasse und Urteile der Justiz vollstrecken, voll-

---

[76]) Von Spionage ist im Code von 1791 nicht die Rede.

[77]) Vgl. Mayer, Widerstand geg. Amtshandlg; VD. Bes. T. Bd. I, S. 483, 490.

[78]) Ord. crim. 1670, titre I, art. II, titre 16, art. 4; s. Dalloz, Répertoire de législation de doctrine et de jurisprudence. V° Rébellion, n° 39.

strecken sie in seinem Namen [79]). Ob der Widerstand gegen die Staatsgewalt von seiten des Bürgers zu Recht oder zu Unrecht erfolgte, war einerlei. Er wurde streng bestraft. Der Bürger hatte zu gehorchen [80]). In der Zeit der Revolution setzt sich der Gedanke durch, daß man nur der rechtmäßigen Gewalt gehorchen müsse. Die Erklärung der Menschenrechte hatte dies im Art. 7 ausdrücklich festgelegt [81]).

Dieser Gedanke kehrt in den grundlegenden Artikeln der Tatbestände, die den Widerstand gegen die Staatsgewalt behandeln (Délits des particuliers contre le respect et l'obéissance dus à la loi, et à l'autorité des pouvoirs constitués pour la faire exécuter) wieder [82]).

Danach ist das Widerstandsrecht gegen jeden nicht rechtmäßig handelnden Beamten möglich:

»tout dépositaire quelconque«.

Der Kreis der Beamten ist also äußerst allgemein gefaßt, das Prinzip der Rechtssicherheit sehr weit ausgedehnt. Um den Bürger aber noch sicherer zu stellen, muß der an und für sich rechtmäßig handelnde Beamte noch die Worte hinzufügen

»obéissance à la loi.«

Nur gegen einen solchen Akt der Staatsgewalt ist der Widerstand ungesetzlich. Das ist natürlich eine Übertreibung [83]). Durch das Gesetz vom 22. floréal an II wurde sie ausdrücklich beseitigt.

Derjenige, der dem gesetzmäßig handelnden Beamten nicht gehorcht, muß nach Abs. 2 des Art. 1, wenn er wegen Widerstands gegen die Staatsgewalt belangt werden soll, dem Beamten »violences et voies de fait« (Gewalttätigkeiten) entgegengesetzt haben. Ein bloßes Sich-passiv-verhalten-haben genügt also nicht. Wo die Gewalttätigkeiten einsetzen, und welche Handlungen man nicht dazu rechnen darf, muß dem freien Ermessen des Richters überlassen werden.

Die Rechtsprechung hat anerkannt, daß nicht nur körperliche Gewalthandlungen, sondern alle materiellen Akte mit dem Ziel, die Mission des Beamten zu verhindern oder sie ihm schwierig zu machen, darunter fallen [84]). Die Nichtbestimmung dessen, was man unter »violences et voies de fait« versteht, ist der Punkt, wo sich hier einsetzen läßt. Auch hier müßte man nach dem Prinzip der Rechtssicherheit klare, faktische Tatbestände fordern. Dieser Mangel läßt den

---

79) Muyart de Vouglans, Les lois crim. de la France, p. 151, p. 79.

80) Jousse erkennt ein Notwehrrecht gegen unrechtmäßige Akte der Staatsgewalt an. Loc. cit., t. IV, p. 79.

81) Dupin, Lois criminelles, loc. cit., p. 2.

82) Section 4 du titre I. du Code pénal de 1791.

83) Vgl. die Ausführungen bei Mayer, VD. Allg. T., S. 490/91.

84) De Lacour, La résistance aux actes de l'autorité publique, p. 139/40.

Artikel aber nicht zu einem Willkürinstrument des Richters werden, denn damit Gewalttätigkeiten vorliegen, muß wirklich etwas Positives schon geschehen sein, so daß eine Schuld dessen, der gehandelt hat, immer wenigstens in gewissem Maße vorliegt. Wir haben es hier mit einem Fall zu tun, in dem die Macht des Begriffs nicht das Ausschlaggebende ist, sondern mit dem sich von vornherein eine ganz bestimmte Wertung verbindet, der durch den Begriff sich selbst auslegt und damit schon an und für sich eine gewisse Rechtssicherheit gewährt.

Die Regelung des Widerstandsrechts entspricht im Code von 1791 im allgemeinen den Anforderungen der Rechtssicherheit.

Notwehr und Notstand [85]).

Die Notwehr war im alten Recht wohl zugelassen, aber derjenige, der einen anderen in Notwehr getötet hatte, wurde nicht vom Gesetz freigesprochen, sondern der königlichen Gnade empfohlen [86]). In der Ordonnanz von 1670, titre XVI, Art. 12 heißt es:

> »Les lettres de rémission seront accordées pour les homicides involontaires seulement, ou qui seront commis dans la nécessité d'une légitime défense de la vie.«

Muyart de Vouglans [87]) sagt ausdrücklich, daß diejenigen, die in Notwehr gehandelt haben, genau derselben Verurteilung unterworfen würden wie diejenigen, die aus freiem Willen gehandelt haben:

> »et cela sur le fondement de cette maxime de notre Droit public qui ne permet, à qui que ce soit, de se faire justice à soi-même, et qui veut que quiconque tue soit digne de mort.«

Wer nach der Verurteilung um Gnade bat, mußte mit unbedecktem Kopf und auf den Knien sich dem König nahen [88]); er wurde dann wieder ins Gefängnis zurückgeführt und mußte warten, bis ihm die Gnade zuteil wurde.

Gleichzeitig mit seiner Bitte mußte er eine bestimmte Summe bezahlen

> »pour faire prier Dieu pour le repos de l'âme du défunt« [89]).

Dem König war es demnach freigestellt, Gnade zu üben. Er ver-

---

85) Vgl. Oetker, Notwehr, VD. Allg. T., Bd. II.

86) Muyart de Vouglans, Les lois criminelles de la France, loc. cit., p. 34.

87) Vgl. Soulatges, loc. cit. traité des crimes; t. I, p. 144 ff; Rousseau de la Combe, Traité des matières criminelles suivant l'Ordonnance d'août 1670 p. 151.

88) Priolaud, Du Droit de Légitime Défense, p. 20.

89) Rousseau, de La Combe , loc. cit., p. 151.

89a) Sousse, loc. cit., t. III, p. 347.

weigerte sie niemals — sagt Muyart de Vouglans [90]) —, er konnte sie aber verweigern, um so mehr als das, was man unter Notwehr versteht, in keinem Fall festgelegt ist. Für den Adligen galt eine andere Auffassung als für den Nichtadligen [91]); während dieser, wenn es irgend ging, seinem Angreifer zu entfliehen suchen mußte, eine Notwehr in einem solchen Fall also nicht anerkannt wurde, durfte der Adlige sich widersetzen, denn für ihn galt ja die Flucht als Schmach.

Der Code pénal brach mit der alten Auffassung. Für ihn gibt es ein Notwehrrecht. Es ist in der II. part., titre II, section I in den Art. 5 und 6 geregelt. Freilich erkennt der Code von 1791 ein Notwehrrecht nur im Fall des »homicide« an und trifft damit lediglich eine Einzelregelung. Er erklärt in diesem Fall:

> »il n'existe point de crime« (Art. 5).

Strafrechtlich wie zivilrechtlich lassen sich also keinerlei Ansprüche geltend machen.

Hinsichtlich der »coups et blessures«, der anderen Verletzungsmöglichkeiten, die im Fall der Notwehr entstehen können, greift der »Code de police municipale et correctionnelle du 19 juillet 1791« ein. Auch in diesen Fällen wird ein Notwehrrecht anerkannt.

Mehr als diese Spezialregelung im Code pénal vom 25. September bis 6. Oktober 1791 interessiert uns die Definition des Notwehrbegriffs im Art. 6. Derjenige handelt in Notwehr, der dazu getrieben ist:

> »indispensablement par la nécessité actuelle de la légitime défense de soi-même et d'autrui.«

Es wird die eigene Person und die Person eines anderen für notwehrfähig anerkannt. Darin folgt man dem alten Recht [92]).

Der Angriff muß sich gegen die Person richten. Es fragt sich sofort, was gehört zur Person. Ist ein Angriff auf die Geschlechtsehre, gegen die persönliche Freiheit verteidigungsfähig? Will man Jousse folgen, der sagt [93]):

> »La femme qui tue son ravisseur pour conserver sa pudicité ne mérite aucune peine et est plutôt digne de récompense que de blâme et de punition.«

Es fragt sich ferner: gibt es eine Notwehr gegen Angriffe auf die Ehre und wird sie mit zur Person gerechnet? All dies ist unklar und aus dem Gesetz nicht zu ersehen.

Eine Notwehr gegen Angriffe auf das Vermögen gibt es nach dem Wortlaut des Art. 6 nicht.

---

[90]) Muyart de Vouglans, Les lois criminelles de la France, loc. cit., p. 34.

[91]) La Blancherie, La Légitime Défense, p. 17, Abs. 2.

[92]) Vgl. Jousse, Traité de la Justice criminelle, t. III, p. 505.

[93]) Jousse, loc. cit., t. III, p. 748.

Nur einen gegenwärtigen Angriff darf man abwehren. Der »homicide« muß dabei sein

»indispensablement commandé par la nécessité de défense«.

Es muß das einzige Mittel für die angegriffene Person sein, um sich aus der Gefahr zu retten. Man darf seinem Angreifer nur zufügen [94])

»tout le mal indispensable pour que son droit soit sauvegardé«.

Es muß also im einzelnen Fall derjenige, der sich in Notwehr befindet, abwägen, ob das Mittel, das er anwenden will, unerläßlich notwendig für seine oder des anderen Verteidigung ist. Er weiß nicht, ob ihm das Gericht nicht nachweist, daß er noch hätte entfliehen können. Soll dieser alte Standpunkt aus der vorrevolutionären Zeit übernommen werden? Man weiß es nicht; der Wortlaut des Gesetzes läßt die Vermutung aufkommen.

Vom Notwehrexzeß spricht das Gesetz nicht.

Zusammenfassend läßt sich sagen: Die Notwehr ist im Code pénal nur sehr lückenhaft behandelt. Dies muß die Gerichte gerade daraufhin drängen, Ergänzungen des Gesetzes in der Praxis vorzunehmen. Der Ausdruck des Gesetzes:

»indispensablement commandé par la nécessité«,

der den Kernpunkt der Definition der Notwehr bildet, ist dazu eine Quelle der Rechtsunsicherheit.

All die hier angedeuteten Lücken und Probleme kehren wieder im Code pénal von 1810. Hier werden sie uns um so deutlicher als Lücken fühlbar, als in der Zeit des Bestehens des Code pénal eine umfassende Literatur versucht hat, sie auszufüllen und man überall auf die Literatur anstatt auf das Gesetz zurückgehen muß.

Wir werden bei der Behandlung der Notwehr im Code pénal von 1810 zur Ergänzung des hier Gesagten genauer auf die Einzelheiten eingehen.

Der Notstand wird im Code pénal von 1791 nicht behandelt. Lediglich das Gesetz vom 28. September—6. Oktober 1791, titre II, Art. 41 erkennt einen sehr speziellen Fall des Notstandes an.

»Tout voyageur qui déclora un champ pour se faire un passage dans sa route, paiera le dommage fait au propriétaire et une amende...«

Die Rechtswissenschaft und die Praxis der Gerichte bemächtigen sich der Materie und füllten die Lücke aus. Wir werden darauf kurz bei der Behandlung der Tatbestände im Code pénal von 1810 eingehen.

---

[94]) Garraud, Traité théorique du droit pénal français, t. I, p. 589.

Teilnahme[95]).

Das vorrevolutionäre Recht hatte bestimmte Grundsätze für Teilnahmedelikte aufgestellt, die dem Code pénal von 1791 zur Grundlage dienten. Die Aufklärer hatten an den Grundsätzen, die bisher galten, wenig zu tadeln gewußt. So nimmt es denn kein Wunder, daß man die Mehrzahl der Regeln des alten Rechts aufgriff und kodifizierte.

Das alte Recht kannte 5 Fälle der Teilnahme[96]). Es unterschied zwischen denen:

»qui commandent de commettre un crime,
qui chargent le crime,
qui aident à commettre le crime,
qui approuvent le crime après qu'il est commis.«

Im ersten Fall handelt es sich um Befehle der Eltern, Lehrer, kurzum um diejenigen, zu denen der Täter in einem Autoritätsverhältnis steht.

Der zweite umfaßt die Tatbestände, bei denen zur Begehung des Delikts eine Belohnung geboten wird.

Der dritte behandelt die Fälle, in denen durch bloße Ratschläge ohne die Kraft des Autoritätsverhältnisses und den Einfluß von Versprechungen der Täter zum Verbrechen gedrängt worden ist.

Im vierten Fall muß man unterscheiden zwischen einer Hilfe, die vor, während des Verbrechens oder nach dem Verbrechen gewährt wird. Jousse[97]) betrachtet diese drei letzteren nicht nur als Teilnehmer (complices), sondern als »coopérateurs«.

Im letzten Fall handelt es sich um eine stillschweigende oder um eine ausdrückliche Billigung.

Der Code pénal von 1791 stellt im Art. 1, titre III eine Reihe von Teilnahmetatbeständen auf.

Um der Teilnahme schuldig zu sein, muß der Täter an einem Verbrechen sich beteiligt haben. Teilnahme an Vergehen oder Übertretungen ist nicht strafbar. Er muß an einem »crime commis« teilgenommen haben. Doch schließt das nicht aus, daß die Teilnahme an einem Versuch eines Verbrechens in den Fällen, in denen der Code den Versuch bestraft, ebenso strafbar ist[98]). Der Versuch eines Verbrechens ist ja dann auch ein »crime commis«. Aus dem Umstand, daß ein Verbrechen begangen sein muß, um den Teilnehmer zu bestrafen, ergibt sich die akzessorische Natur der Teilnahme.

---

95) Birkmeyer, Teilnahme; VD. Allg. T., Bd. II, S. 102 ff.

96) Vgl. Remy, Les principes généraux ..., loc. cit., t. I, p. 22 ff.

97) Jousse, loc. cit., t. I, p. 22.

98) Siehe dazu: Remy, Les principes généraux..., p. 209. Desguerrois, Étude sur la Complicité, p. 127.

In einem Erlaß vom 6. Januar 1809 sagt der Kassationshof, daß in einem Fall, in dem eine Amnestie für ein Verbrechen erlassen worden sei, der Teilnehmer wegen dieses Verbrechens nicht mehr zu verfolgen und zu bestrafen sei [99]:

»Le crime en lui-même étant amnistié, il ne peut plus y avoir de complices de ce crime à poursuivre et à punir.«

Die akzessorische Natur ist also hier sehr weit ausgedehnt. Scharf dagegen wendet sich Carnot [100]).

Einen strafbaren Versuch der Teilnahme gibt es nicht. Das Gesetz drückt sich klar dahin aus,

»quiconque sera convaincu d'avoir provoqué« (mit den im Gesetz vorgeschriebenen Mitteln).

Das Gesetz gibt also deutlich die Art und Weise an, wie sich die Teilnahme vollziehen muß.

Zu dem Verbrechen der Teilnahme gehört noch die Übereinstimmung des Willens zwischen dem Haupttäter und dem Teilnehmer auf Teilnahme. Dies steht zwar nicht im Gesetz, wird aber von dem Kassationshof [101]) verlangt. Es soll die Jury gefragt werden, ob der Angeklagte

»sciemment et dans le dessein du crime«

gehandelt hat.

Die Bedingungen, die der Code von 1791 aufgestellt hat für das Vorhandensein der Teilnahme, sind im großen und ganzen klar. Wir prüfen nunmehr die einzelnen Tatbestände. Sie sind in genau derselben Art und Weise angeordnet wie der Tatbestand des vierten Falls der Teilnahme im alten Recht. Wir unterscheiden also zunächst eine Teilnahme durch Handlungen, die vor der Ausführung des Verbrechens liegen. Hier kommt in erster Linie die Anstiftung »provocation« in Betracht.

Die Mittel der Anstiftung werden im ersten Absatz des Art. 1 genau aufgezählt. Es muß sich handeln um:

»dons, promesses, ordres ou menaces«;

mit anderen als diesen Mitteln kann keine Anstiftung erfolgen. Eine Anstiftung durch einen einfachen Rat würde danach straflos bleiben. Der dritte Fall des alten Rechts ist nicht mitübernommen, ebensowenig der Fall 1. Wenn man jemanden anstiftet durch die Macht des Autoritätsverhältnisses, so bleibt auch dies straflos. Remy [102]) erklärt die Lücken daraus, daß bei Jousse der Mißbrauch

---

99) Desguerrois, Étude sur la Complicité, p. 133/34.

100) Carnot, Instruction criminelle, 1, 6, 25.

101) Vgl. Remy, loc. cit., p. 211.

102) Remy, loc. cit., p. 215.

des Autoritätsverhältnisses nicht erwähnt ist; ihn hatten die Gesetzgeber bei der Kodifizierung der »complicité« als Vorbild genommen. Das Wort »ordres« im Art. 1 könnte dahin gedeutet werden, daß darin der Mißbrauch des Autoritätsverhältnisses enthalten ist. Das ist aber anscheinend nicht damit gemeint. Dieser Auffassung ist auch die Kommission des Code pénal von 1810:

»Le mot ordres inséré dans la loi de 1791 ne comprend point suffisamment les abus d'autorité ou de pouvoir ... [103]).«

Das Wort »ordres« findet sich denn auch im Code von 1810 nicht wieder.

Neben dieser Einzelanstiftung regelt der Code von 1791 noch die Kollektivanstiftung im Art. 2 des titre III. Der Artikel unterscheidet vier Fälle.

Die Kollektivanstiftung kann in den ersten drei Fällen nur an öffentlichen Orten erfolgen, im vierten ist öffentliches Verbreiten erforderlich. Was darunter zu verstehen ist, sagt das Gesetz nicht. Der Täter muß anstiften

»directement au crime.«

Auch hier sind die Mittel wieder genau aufgezählt:

»discours prononcés«,
»placards ou bulletins affichés ou répandus«,
»écrits rendus publics par la voie de l'impression«.

Die Öffentlichkeit ist überall wesentliches Moment; umso notwendiger wäre es gewesen, den Begriff zu bestimmen. Im allgemeinen sind die einzelnen Merkmale der Kollektivanstiftung genau bestimmt und entsprechen dem Prinzip der Rechtssicherheit.

Die Billigung eines Verbrechens in öffentlicher Form, in der wiederum eine Anstiftung enthalten sein kann, hat das Gesetz nicht geregelt.

Teilnahmehandlungen, die vor der Ausführung des Verbrechens liegen, regelt der Abs. 2 des Art. 1. Es sind Beihilfehandlungen, die hier aufgezählt werden. Wissentlich und in der Absicht des Verbrechens (dans le dessein du crime) müssen dem Täter die Waffen und Instrumente, die er zu seiner Tat benötigt, verschafft worden sein. Ein Verschaffen von derartigen Mitteln ohne dieses Wissen und ohne diese Absicht wird nicht bestraft. Die Mittel selbst sind nicht aufgezählt. »Moyens« ist anscheinend der Sammelbegriff, »armes ou instruments« sind Beispiele.

Von einer intellektuellen Beihilfe spricht der Code nicht.

In dem Abs. 2 über Beihilfe steckt schon das Problem der Mittäterschaft, zumindest nach der subjektiven Theorie.

---

[103]) Desguerrois, Étude sur la Complicité, loc. cit., p. 152.

Vom Standpunkt der Rechtssicherheit aus betrachtet ist gegen den Artikel über die Beihilfe wenig einzuwenden.

Die Teilnahme durch Handlungen, die während der Ausführung des Verbrechens liegen, enthält der Abs. 3 des Art. 1. Zum Teil greift er in den Bereich der Handlungen, die vor der Ausführung des Verbrechens liegen, mit ein. Er behandelt die Hilfe und den Beistand, die dem Haupttäter gewährt worden sind in Handlungen, die die Ausführung vorbereitet oder erleichtert haben und ebenso die Hilfe bei der Ausführung des Verbrechens selbst.

Wiederum ist ein Handeln erforderlich »dans le dessein du crime et sciemment«.

Recht weit geht die Fassung:

»les faits qui ont préparé ou facilité son exécution«.

Sie wird dadurch abgeschwächt, daß die Hilfe gewährt wird »dans le dessein du crime«, trotzdem läßt sich unter eine Unterstützung bei Handlungen, die das Verbrechen vorbereiten oder erleichtern, viel bringen. Dies ist um so gefährlicher, als ja die Teilnehmer wie der Haupttäter bestraft werden.

Der Abs. 3 des Art. 1 schneidet das Problem der Mittäterschaft an. Remy [104]) sagt, daß die Teilnahme des Komplizen nicht derart sein dürfe, daß ohne sein Dazwischenkommen das Verbrechen nicht hätte begangen werden können. Er wäre dann ein Täter, doch diese Herauslösung der Mittäterschaft aus der Teilnahmehandlung hat der Code pénal von 1791 nicht gekannt. Hinsichtlich der Rechtsfolgen ist es ja auch einerlei, die Bestrafung ist die gleiche.

Eine Teilnahme durch Handlungen, die nach der Ausführung des Verbrechens liegen, erkennt der Code von 1791 in Art. 3 und 4 an:

Der Gesetzgeber zählt danach die Hehlerei zu den Teilnahmehandlungen. Er unterscheidet zweierlei Arten:

Hehlerei an gestohlenen Sachen, Art. 3 und die Verbergung des Leichnams eines Ermordeten, Art. 4.

Derjenige, der nach dem Wortlaut des Gesetzes Hehlerei begangen haben soll, muß die gestohlenen Sachen entweder unentgeltlich erhalten haben, oder er muß sie gekauft oder verborgen haben:

»convaincu d'avoir reçu gratuitement ou acheté ou recelé...«

In allen Fällen muß der Täter wissen, daß es sich um Sachen handelt, die von einem Diebstahl herrühren:

»sachant que les dits effets provenaient d'un vol.«

Eigentümlich liegt der Fall des Art. 4. Hier wird derjenige, der den Leichnam eines Ermordeten verbirgt, wenn er nicht Teilnehmer

---

104) Remy, loc. cit., p. 217.

an dem Mord ist, bestraft, allerdings geringer. Es ist dies ein Sonderdelikt, das mit der Teilnahme nichts zu tun hat, das der Gesetzgeber aber als Teilnahmedelikt ansieht.

Die Tatbestände sind in beiden Fällen klar und entsprechen den Anforderungen der Rechtssicherheit.

Damit ist das Gebiet der Teilnahme beendet; das Gesetz enthält starke Lücken, da aber, wo es Regeln aufstellt, entsprechen sie zum großen Teil dem Prinzip der Rechtssicherheit.

Versuch [105]).

Im Code pénal von 1791 finden sich die Bestimmungen über den Versuch in den Art. 13, 15 und 16. (II. partie, titre II, deuxième section). Das Gesetz trifft lediglich eine Einzelregelung und erkennt einen strafbaren Versuch nur bei Mord und Vergiftung an.

Der strafbare Mordversuch ist im Art. 13 dahingehend definiert, daß ein Angriff mit der Absicht, zu töten, ausgeführt, aber fehlgeschlagen sein muß:

»L'assassinat quoique non consommé, sera puni, lorsque l'attaque à dessein de tuer aura été effectué (vgl. Art. 13).«

Pelletier de Saint-Fargeau, der Berichterstatter in der Sitzung vom 27. Juli 1791 [106]), sagt, der Angriff, mit der Absicht zu töten, müsse ebenso wie die Verletzung bewirkt sein. Andere Versuchsarten gibt es beim Mord nicht.

Der Art. 15, der die Vergiftung behandelt, sieht zweierlei Fälle vor:

Nach dem ersten muß die Gifteingabe bewirkt sein, der Erfolg aber ausbleiben. Es ist derselbe wie im Art. 13.

Im zweiten Fall muß das Gift dargereicht oder gemischt sein mit Nahrungsmitteln, die gerade für den Gebrauch der Person, der Familie usw., gegen die sich das Delikt richtet, bestimmt sind.

Es muß also hier ein Anfang der Ausführung des Verbrechens vorliegen. Wir haben es hier mit der anderen Art des Versuchs zu tun, bei der schon bestimmte Handlungen in der Richtung des Verbrechens zum Versuch genügen, ohne daß das Verbrechen ausgeführt und fehlgeschlagen zu sein braucht.

Der Art. 16 behandelt den straflosen Rücktritt vom Versuch, erkennt aber einen solchen nur für den Fall der Vergiftung an. Wenn hier der Täter vor dem Eintritt des Erfolges oder bevor die Vergiftung der Nahrungsmittel und Getränke entdeckt worden ist, mit der Aus-

---

105) Vgl. dazu: Frank, Vollendung und Versuch, VD. Allg. T., Bd. V, S. 176 ff.

106) Arch. Parl., loc. cit., t. 27, p. 554 ff.

führung des Verbrechens innehält (l'emprisonneur arrêtait l'exécution du crime), indem er die Nahrungsmittel und Getränke beiseite schafft oder verhindert, daß davon Gebrauch gemacht wird (qu'on en fasse usage), so soll er freigesprochen werden. Der Gesetzgeber hat bei der Regelung des Versuchs in den zwei Fällen genau bestimmt, was er unter »Versuch« verstanden haben will, für Streitfragen ist hier kaum Raum; soweit der Versuch geregelt ist, sind die Tatbestände klar.

Zu einer allgemeineren Regelung des Versuchs kommt erst der Code vom Jahre IV. Hier heißt es:

»Toute tentative de crime, manifestée par des actes extérieurs et suivie d'un *commencement d'exécution*, sera punie comme le crime même, si elle n'a été suspendue que par des circonstances fortuites, indépendantes de la volonté du prévenu.«

Dieselbe Bestimmung kehrt in ihren Grundzügen wieder im Code pénal von 1810. Die Probleme, die sich hieran bezüglich der Rechtssicherheit knüpfen, werden dort behandelt.

Interessant ist, aus welchen Gründen man nicht allgemein die Bestrafung des Versuchs im Code von 1791 zugelassen hat.

Der Berichterstatter Pelletier de Saint-Fargeau [107]) stellt sich auf den Standpunkt, daß man jemandem nur für das bestrafen könne, was er wirklich vollendet hat:

»on doit le punir en proportion de ce qu'il a fait et non de ce qu'il voulait faire.«

Wenn einer in der Absicht zu stehlen, einsteigt, aber kein Geld findet, so kann man ihn nur bestrafen wegen der Türen und Schlösser, die er etwa erbrochen hat,

»car c'est là tout le mal qu'il a réalisé.«

Der Diebstahl ist nicht geschehen, und es ist Sache der Gerechtigkeit

»de punir moins lorsqu'un moindre mal a été fait«.

Diese Auffassung billigt der größte Teil der Konstituante. Man kommt damit zu dem Resultat, daß man den Verbrecher nicht bestraft für das, was er wollte, also seine verbrecherische Absicht außer acht läßt, sondern man bestraft ihn für ein Delikt, auf das seine verbrecherische Absicht in der Hauptsache gar nicht zielte. Welche inneren Gründe das Komitee zu einer derartigen Absicht bewogen haben, ist nicht klar; vielleicht hat man sich vor einer Willkür des Richters gefürchtet, der die Absicht des Täters ergründen muß, die nichts konkret Faßbares ist und hat sich deshalb auf das Konkrete, das der Täter ausgeführt, beschränkt, vielleicht ist es aber auch ein übertriebener Gerechtigkeitssinn oder eine falsche Auslegung des Grundsatzes, daß

---

[107]) Vgl. Arch. Parl., t. 27, p. 192.

jeder nur für das, was er getan, in Handlungen realisiert verstanden, eine Strafe erdulden soll. Auf keinen Fall setzt man da die Tradition des alten Rechts fort, hier wurde auf die verbrecherische Absicht großer Wert gelegt, und es kam nicht nur auf die Handlungen an.

Nach Jousse [108]) soll bei Majestätsverletzung schon derjenige, der nur den Gedanken gehabt hat, den König zu töten und ihn äußerte mit dem Tod bestraft werden.

Eigentumsdelikte und andere Tatbestände [109]).

Nachdem wir die einzelnen Haupttatbestände, an denen man das Verhältnis von Gesetz und Richterspruch am besten erkennen kann, nunmehr behandelt haben, machen wir noch einen kurzen Streifzug durch das Gesetz und betrachten uns die Eigentumsdelikte und einige andere Tatbestände vom Gesichtspunkt der Rechtssicherheit aus. Der Vergleich mit der Entwicklung durch den Code von 1810 wird uns bei seiner Behandlung später wertvolle Resultate liefern.

In erster Linie kommt bei den Eigentumsdelikten der Diebstahl (vol) in Betracht. Obwohl das Gesetz 28 verschiedene Fälle des Diebstahls in seiner Kasuistik unterscheidet, hat es die Grundelemente des Diebstahls selbst nicht bestimmt. Überall erscheint nur der Begriff.

Zwar läßt sich gegen die Nichtdefinierung einwenden, daß der Diebstahl an und für sich aus dem Begriff heraus verständlich ist und deshalb eine genaue Definition unnötig wird. Doch ist dies nur in beschränktem Maße der Fall, die feineren Unterscheidungen und die Grenzfälle können nur durch ein klares Gesetz festgelegt werden und bieten nur so notwendige Sicherheit.

Der Art. 30 desselben titre behandelt den betrügerischen Bankerott. Auch hier trifft der Gesetzgeber über den Begriff des Delikts keine Bestimmung.

Im Art. 32 ist die Brandstiftung geregelt.

Nur wer aus Bosheit (malice) oder Rache (vengeance) und in der Absicht, einem anderen zu schaden, Feuer anlegt, kann bestraft werden. Die Grenzen der Brandstiftung sind damit sehr eng gezogen. Eine große Anzahl von Tatbeständen, die wir bestrafen, fällt aus.

Die Brandstiftungsobjekte sind genau aufgezählt. Es fallen nicht nur darunter Gebäude und Magazine, sondern auch Buschholz (bois taillis) und die Ernten auf dem Halm und auf Schobern (récoltes en meule ou sur pied). Dies alles umfaßt der erste Teil des Art. 32.

---

108) Jousse, loc. cit., t. III, p. 697.

109) Titre II, seconde section.

Im zweiten wird das Inbrandsetzen von brennbaren Stoffen, die geeignet sind, das Feuer den vorher erwähnten Brandstiftungsobjekten mitzuteilen, bestraft (matières conbustibles disposées pour communiquer). Ob aus dem Anzünden von derartig brennenden Stoffen wirklich ein Brand der aufgezählten Objekte eingetreten ist, ist nach dem Wortlaut des Gesetzes einerlei. Es wird also die abstrakte Gefahr bestraft. Der Artikel ist äußerst hart, er kündigt die Todesstrafe an. Die Tatbestände sind klar und genügen der Rechtssicherheit.

Der Art. 33 spricht von den Sprengstoffdelikten in einer klaren Weise. Zu beachten ist, daß nicht nur der Erfolg, sondern auch schon die Vorbereitungs- oder Versuchshandlung (disposer une mine pour détruire) mit dem Tod bestraft wird.

Im Art. 39 finden wir die Plünderung und Verwüstung von Waren usw. behandelt. Der Gesetzgeber sagt hier nicht, was unter einer Zusammenrottung (attroupement) im Sinne des Gesetzes verstanden sein soll.

Der Art. 41 bringt das Delikt der Fälschung (faux), das in den folgenden Artikeln in verschiedenen Variationen fortgesetzt wird.

Der Gesetzgeber stellt das Verbrechen der Fälschung unter die Eigentumsdelikte. Wiederum sagt er nicht, was er darunter verstanden haben will.

Damit schließen wir die Eigentumsdelikte ab und betrachten kurz noch einige andere Tatbestände und Begriffe unter dem Gesichtspunkt der Rechtssicherheit.

Im titre II, première section, Art. 29 sagt das Gesetz:

»Le viol sera puni de six années de fers.«

Wie weit der Begriff des »viol« (Notzucht) geht, ist aus dem Gesetz nicht ersichtlich.

Der Art. 11 derselben Abteilung definiert den Mord folgendermaßen:

»L'homicide commis avec préméditation, sera qualifié d'assassinat et puni de mort.«

Was das Gesetz unter »préméditation« (Vorsatz) versteht, läßt es offen.

Ebensowenig ist der Begriff der Absicht festgelegt. Nach dem Gesetz vom 16. und 29. September 1791 über die »justice criminelle et l'établissement des jurés« müssen die Geschworenen in jedem Fall gefragt werden, ob das Verbrechen in der Absicht zu schaden begangen worden ist. Wie können sie entscheiden, wenn das Gesetz nicht klargelegt hat, was es unter Absicht verstanden haben will!

Zusammenfassend läßt sich sagen: wichtige Hauptbegriffe wie
Diebstahl (vol), Fälschung (faux), Notzucht (viol)
hat das Gesetz völlig der Auslegung des Richters überlassen und das Prinzip der Rechtssicherheit damit sehr wenig beachtet.

Schlußbetrachtung.

Rechtssicherheit hatten die Aufklärer verlangt. Der Bürger sollte wissen, was er tun darf und was nicht. Die Tatbestände hätten demzufolge wirklich so sein müssen, daß der Richter lediglich einen Vernunftschluß vorzunehmen hatte (Beccaria) — mit anderen Worten: faktische, deskriptive Tatbestände hätte man gebraucht, um diesen Anforderungen genügen zu können. Der Code von 1791 entspricht mit seinen vielen, nicht definierten Begriffen der Rechtssicherheit, wie sie die Zeit verlangte, in keiner Hinsicht.

Maßgebende Begriffe, auf denen ganze Deliktsgruppen aufgebaut sind, sind nicht erklärt. Wer soll wissen, was unter »attentat« und »complot«, »conspiration« und »machination«, »manoeuvre« und »intelligence«, »vol«, »viol«, »pillage« und »faux« verstanden werden soll, wenn es der Gesetzgeber nicht selbst erklärt? Dabei werden die Feinheiten vollkommen außer acht gelassen.

Der Grund für dieses Versagen des Gesetzgebers liegt darin, daß er trotz der Forderung nach Rechtssicherheit, den großen Unterschied zwischen Tatbeständen, die aus normativen und solchen, die aus faktischen Elementen zusammengesetzt sind, gar nicht erkannt hat.

Woran liegt nun das?

Man kommt aus einer Periode, in der es zum großen Teil überhaupt keine Tatbestände gab. Wenn man jetzt Tatbestände formuliert, glaubt man, damit sei alles getan. Man hat den Obersatz, das allgemeine Gesetz, gebildet und sieht nicht, daß in dem Untersatz, der Handlung, die dem Gesetz entspricht oder nicht, die Macht des Richters, je nach der Definierung dieses Untersatzes, verschieden groß sein wird. Ob Beccaria dies trotz seiner Ausführungen klar erkannt hat, ist zweifelhaft. Die Kommission und die Konstituante erkennen es auf keinen Fall. Für sie ist jedes richterliche Ermessen mit der Bildung von Tatbeständen überhaupt ausgeschaltet, gleich, ob sie aus normativen oder faktischen Elementen bestehen. Ebenso, wie man geglaubt hatte, damit, daß die Jury die Tat, die konkreten Tatsachen, würdige, wäre jede Willkür des Richters beseitigt und nicht sah, daß die Macht in der Subsumierungsmöglichkeit liegt, so glaubt man hier, damit, daß man überhaupt Tatbestände schafft, sei alles getan, jedes Ermessen in der Auslegung beseitigt und die Rechtssicherheit des Bürgers gewährleistet. Jedes Mal ist es das Hervortreten eines bestimmten neuen Entwicklungsmomentes, das für den Augenblick so stark in den Vordergrund tritt, daß man bei einem Schritt stehen bleibt und nicht den zweiten geht. In dem ersten Fall ließ das große Moment des Überganges von der formellen zum System der freien Beweiswürdigung alles andere in den Hintergrund treten, in diesem Falle der Umstand, daß nun endlich überhaupt Tatbestände geschaffen werden.

Trotzdem bildet der Code von 1791 eine ganz erstaunliche Leistung legislativer Technik, vor allem, wenn man bedenkt, in welch kurzer Zeit er erstand. Man sieht hier die schaffende Hand eines Mannes, Pelletiers de Saint-Fargeau, des alten Praktikers. Ihm ließ die Nationalversammlung freie Hand, nahm lediglich zu den Fragen, die sie politisch interessierte, Stellung, — das waren die Strafen — während sie in der technischen Formulierung der Tatbestände keine politischen Probleme sah.

Der Code pénal von 1791 ist ein Werk aus einem Guß, aus einer Kraft heraus geschaffen, wie sie nur in Persönlichkeiten, die von der inneren Wahrheit neuer Ideen durchdrungen, an eine Gestaltung gehen, leben kann. Das Große lag für sie alle in dem Schaffen des Gesetzbuches, etwas, was für uns in einer Zeit, in der das Niederlegen bestimmten Wollens in Gesetzen etwas Selbstverständliches ist, in seiner Bedeutung nicht so zum Bewußtsein kommt.

Für dieses Unternehmen, das das Hinübertreten in eine neue Zeit bedeutet, setzten Männer wie Pelletier in Begeisterung ihre ganze Kraft ein. Ohne sich des grundlegenden Unterschieds der verschiedenen Formulierung bewußt zu werden, bringen sie in ihren Tatbeständen Blankettformeln neben der Rechtssicherheit entsprechenden Tatbeständen, die in ihrer Klarheit oft bewunderungswürdig sind.

Sie gehen bewußt aber nur den einen Weg: Tatbestände überhaupt zu schaffen und legen dadurch den Grundstein zur Rechtssicherheit. Eine spätere Zeit wird darauf aufbauend auch die Tatbestände im einzelnen prüfen, zumal, wenn die Probe der Praxis über sie ergeht. Sie wird sich dann auch mit dem Gedanken beschäftigen, ob es überhaupt möglich ist, Tatbestände so aufzustellen, daß der Richter lediglich einen Vernunftschluß aufzustellen braucht — eine Frage, für deren Lösung im Code von 1791 noch nicht die Zeit da war.

3. Die Praxis und das System des Code pénal in der Aufstellung der Tatbestände.

Die Praxis ließ mit ihrer Kritik an den Tatbeständen des Code pénal von 1791, soweit sie mit Blankettformeln arbeiteten, nicht lange warten. So lange der Richter die Subsumierung der konkreten Tatsachen unter das Gesetz übernahm, machte sich der Mangel einer genauen Bestimmung weniger bemerkbar. Der Richter füllte die nicht definierten Begriffe mit dem Inhalt aus, wie es die bisherige alte Rechtsprechung getan hatte. Zu einer Katastrophe führte dies System aber überall da, wo allmählich in der Entwicklung die Jury praktisch die Subsumierung übernahm. Da, wo das Gesetz definiert hatte, fragte man die Geschworenen mit dem gesetzlichen Tatbestand. Wenn dies schon oft für die Entscheidung Schwierigkeiten bereitete, so erst recht in den Fällen, in denen keine Definition gegeben war, und man sich gezwungen sah, die Jury nach dem Vorhandensein des Deliktes in Begriffsform zu fragen. Hier kamen die größten Fehl- und Widersprüche heraus. Als nun der erste Entwurf des Code pénal von 1810 fertig war und den Obergerichten vorgelegt wurde, da erhebt sich allenthalben der Wunsch nach Definitionen.

Das Obergericht de la Charante-Inférieure [1]) sagt über den Mangel der Definitionen:

»Cette lacune, la plus majeure de notre Code pénal doit être remplie, et remplie avec précision et clarté. Nul délit ne peut être classé sans être défini.«

Es beklagt sich über die Nichtdefinierung des »viol« Notzucht:

»En effet, un homme est accusé de viol, nul juré ne déclarera d'après le système proposé, et l'admission d'une question unique, que le prévenu est coupable de ce délit, si la loi ne lui a pas dit ce qui concourt à constituer le violateur.«

Es sieht darin die Hauptursache dafür, daß die Jury so wenig das Vorliegen von Notzucht bejaht:

»Mais par cela même que la loi définira le délit, le besoin d'en faire prononcer l'existence devient plus nécessaire.«

Dieselben Erfahrungen hat das Obergericht De Meine-et-Loire [2]) gemacht:

»Il ne se présente pas une seule accusation de viol que les jurés et les tribunaux ne soient embrassés, parce que la nouvelle législation ne définit pas ce crime.«

Auch hier wird gebieterisch die Definition verlangt:

»Il est donc indispensable que le nouveau Projet définisse en termes clairs et précis le viol.«

Das Obergericht Du Gers verlangt [3]) die Erklärung dessen, was

---

[1]) Les Observations des Tribunaux, t. II, p. 18.

[2]) Les Observations des Tribunaux, t. IV, p. 13.

[3]) Les Observations..., loc. cit., t. III, p. 9.

man unter »faux témoignage« versteht, das Obergericht de l'Hérault [4]) will genau festgelegt haben, was unter Glaubwürdigkeit der Zeugen verstanden wird, das von d'Indre-et-Loire [5]) verlangt die Definierung des Begriffs »attentat«.

Das Obergericht De la Manche [4]) hat schlechte Erfahrungen mit der Nichtdefinierung des Vorsatzbegriffes »volontairement« gemacht. Es will wissen, was der Gesetzgeber darunter versteht, damit die Geschworenen den Begriff richtig anwenden können.

Das Obergericht De la Meuse [5]) fordert die Klarlegung dessen, was man unter »agens du Gouvernement« versteht und fragt, welche Gruppen darunter fallen sollen.

Der Begriff der »nécessité« kehrt auch in dem Vorschlag in Art. 412 wieder. Das Obergericht Du Mont-Blanc [8]) verlangt seine Definition.

Nach dem Bericht des Gerichtes De l'Orne [9]) haben die Geschworenen sich anscheinend sehr häufig nach dem erkundigt, was unter »volontairement«, »provocation« und »préméditation« zu verstehen ist.

Das Obergericht Des Basses-Pyrenées [10]) greift den Begriff »homicide« an.

Das Obergericht De la Yonne [11]) beklagt sich darüber, daß der Entwurf den Ausdruck »infanticide« bringt, ohne zu sagen, was er damit meint.

Nachdem das Obergericht Du Puy-de-Dôme [12]) im einzelnen bestimmte Deliktsbegriffe, die nicht definiert sind, herausgegriffen und ihre Definition verlangt hat, schließt es mit folgenden Worten:

> »*Quel vague! quel arbitraire! que de dangers pour l'innocence! que de moyens évasifs pour la culpabilité puisante ou favorisée! Nous ne cesserons de dire au législateur: définissez, précissez, et que chaque citoyen sache dans quel cas il est innocent ou coupable; c'est l'axiome le plus vrai en législation criminelle, et auquel il n'y a pas d'exception, suivant tous les meilleurs auteurs qui ont traité les matières criminelles*« [13]).

---

4) Les Observations..., loc. cit., t. III, p. 75.
5) Les Observations..., loc. cit., t. III, p. 10.
6) Les Observations..., loc. cit., t. IV, p. 18.
7) Les Observations..., loc. cit., t. IV, p. 6.
8) Les Observations..., loc. cit., t. IV, p. 4.
9) Les Observations..., loc. cit., t. V, p. 4.
10) Les Observations..., loc. cit., t. V, p. 5.
11) Les Observations..., loc. cit., t. VI, p. 16.
12) Les Observations..., loc. cit., t. V, p. 5.
13) Weitere Beispiele: vgl. die Observations des Tribunaux, t. I, p. 2, 5, 35; t. III, p. 2, 59; t. V, p. 5, t. VI, p. 11.

Diese Worte sind sehr bedeutsam. Der Richter sieht im Mangel der Definitionen bei der Subsumierung der Tatsachen durch die Geschworenen Gefahren für die Unschuldigen und wirft sich als ihr Schützer auf. Er, dem die Männer aus dem Volk als Gegengewicht gegenübergestellt wurden, um seine Willkür unmöglich zu machen, ruft den Gesetzgeber auf, um die Unschuldigen, das Volk, vor den Männern aus dem Volk zu schützen.

Es ist ein eigenartiges Schicksal, das das Prinzip der Rechtssicherheit in der Abgrenzung des erlaubten vom verbotenen Tun, historisch gesehen, durchmacht. In der Aufklärungszeit werden klare Tatbestände gefordert, der Nachdruck liegt dabei mehr auf Tatbeständen überhaupt, im Gegensatz zu der früheren Zeit, wo sie nur in geringem Maße aufgestellt waren. Nur wenige, wie Beccaria, legen die strenge Sonde an und fordern eine ganz bestimmte Art von Tatbeständen. Der Code pénal von 1791 tut den einen großen Schritt — er stellt Tatbestände überhaupt auf. Den Gesetzgebern ist es aber noch nicht klar, daß dadurch den Anforderungen der Rechtssicherheit in nur geringem Maße genügt wird, daß man klar definierte, faktische Tatbestände braucht. Aufklärer und Code pénal stehen dabei in scharfer Kampfstellung gegen das richterliche Beamtentum in ihren Forderungen um Rechtssicherheit in den Tatbeständen.

Aufgenommen wird die Forderung nach Rechtssicherheit wieder von den Richtern mit der Spitze gegen die Geschworenen. Durch die Praxis hat man erkannt, welch großer Unterschied darin liegt, ob Tatbestände mit Blankettformeln gebildet werden, oder ob diese in ihre faktischen Bestandteile zerlegt in den Tatbeständen erscheinen.

An die Stelle der richterlichen Willkür bei nichtaufgestellten Tatbeständen war im Code pénal von 1791 oft eine Willkür der Geschworenen bei aufgestellten Tatbeständen getreten. Wenn jetzt das Richtertum dagegen Front macht und es fertigbringt, Rechtssicherheit in den Tatbeständen herzustellen, so hat letzten Endes der Bürger aus diesem Vorgehen der einen Staatsgewalt gegen die andere doch den Vorteil.

Mit ihrer Kritik geben die Richter gleichzeitig die Linie an, in der sich der neue Code in der Abgrenzung der Tatbestände bewegen soll. Sie verlangen nicht allgemein faktische Tatbestände, sondern greifen bestimmte Blankettformeln des Code von 1791 im einzelnen an und legen dadurch dar, welche ihnen besonders gefährlich erscheinen. Es sind besonders Begriffe wie »volontairement«, »préméditation«, »homicide«, »nécessité«, »viol«, »provocation«, »vol«, »attentat« etc., also vornehmlich solche, die nicht schon in sich selbst eine bestimmte Wertung tragen, die sie als allgemein verständlich erscheinen läßt. Dagegen wird bei Ausdrücken wie: »attroupement«, »violences et voies de fait« u. a. derselben Art keine Definition gefordert. Sie erklären sich z. B. aus sich selbst und sind minder gefährlich.

So stellen sich die Obergerichte bei ihren Wünschen nach Definitionen, dem neuen Schritt, dessen Wichtigkeit erst sie erkennen, nicht etwa auf das Extrem um und fordern nun, nachdem sie den großen Unterschied zwischen normativen und faktischen, deskriptiven Tatbeständen sehen, nicht etwa allgemein bewußt unbedingt diese letzteren, sondern sie gehen von der Praxis aus, lassen normative Elemente bestehen, da wo sie nicht gefährlich erscheinen, im übrigen aber verlangen sie faktische, ohne sich von irgend welchen Erwägungen, ob faktische Tatbestände immer durchführbar sind, leiten zu lassen. Wir müssen dies ja heute verneinen, wenn man nicht die Arbeit des Gesetzgebers unermeßlich erschweren will.

Wir prüfen nunmehr, ob der neue Code in der Abgrenzung der Tatbestände den Anforderungen der Rechtssicherheit entspricht und schlagen dabei bewußt den Weg ein, den die Richter der Obergerichte durch ihre Kritik schon damals gegangen sind. Definitionen sind da notwendig, wo Blankettformeln nicht aus sich selbst verständlich sind und damit ein Arbeiten mit ihnen gefährlich ist. Wo dies aber nicht der Fall ist, können sie benutzt werden, ohne der Rechtssicherheit Abbruch zu tun.

Wir verlassen damit den Maßstab der rein faktischen Tatbestände, den wir als Forderung der Zeit an ihr Gesetzbuch legen mußten und arbeiten bei der Beurteilung der Tatbestände des Code von 1810 mit dem oben gekennzeichneten erweiterten Maßstab über das, was Rechtssicherheit bedeutet, den ja auch die heutige Wissenschaft vertritt. Gleichzeitig gehen wir noch einen Schritt weiter. Da, wo Blankettformeln vorkommen, die dem Richter eine zu große Ermessensfreiheit lassen, also gefährlich sind, versuchen wir, soweit es möglich ist, festzustellen, ob nicht die Wissenschaft selbst im Laufe der Zeit bestimmte Auslegungsregeln entwickelt hat, die als allgemeingültig angesehen wurden und dadurch die anfängliche Rechtsunsicherheit milderten bezw. stark abschwächten, da ja diese Auslegungsregeln dann als eine Art zweites Gesetz gelten. Wir kommen damit freilich immer mehr von den Prinzipien ab, die die Revolutionszeit aufstellte. Wir befinden uns aber doch auch jetzt in einer Zeit, in der, da die Grundlage der Rechtssicherheit, die darin gipfelte, daß nun endlich allgemein Tatbestände aufgestellt wurden, errichtet war, die folgerichtige Entwicklung nach all den Richtungen, von denen aus wir die Prüfung der Frage der Rechtssicherheit jetzt vornehmen wollen, nun eintrat.

4. Die Freiheit des Richters in der Abgrenzung des erlaubten vom verbotenen Tun im Code pénal von 1810.

Das Prinzip der Rechtssicherheit in den Deliktstatbeständen.

Der Hochverrat und Landesverrat [1]).

Der Code pénal von 1810 hat die Zweiteilung der Verbrechen gegen die Sicherheit des Staates beibehalten. Er unterscheidet:

»crimes et délits contre la sûreté extérieure de l'État« Artikel 75—85 (Landesverrat) und:

»crimes contre la sûreté intérieure de l'État« — Artikel 86 ff. (Hochverrat).

Die Artikel 86 und 87 zählen ähnlich wie der Artikel 1 im Code von 1791 die Schutzobjekte auf. Ähnlich ist auch die Fassung, wieder erscheinen die Ausdrücke

L'attentat ou *complot* contre...

Aber im Gegensatz zum Code von 1791 definiert das Gesetzbuch in den Art. 88 u. 89 diese Begriffe.

Ein »attentat« ist nach Art. 88 vorhanden:

»dès qu'un acte est commis ou commencé pour parvenir à l'exécution de ces crimes, quoiqu'ils n'aient pas été consommés.«

Das »attentat« ist demnach eine Versuchshandlung, entweder ein beendeter oder ein nicht beendeter Versuch [2]). Doch lassen die Worte:

»un acte commis ou commencé pour parvénir à l'exécution«

auch die Fassung zu, daß darunter jede Vorbereitungshandlung zu verstehen ist [3]).

Das Komplott erfordert nach Art. 89 einen Entschluß zu handeln, nicht nur eine bloße Willensübereinstimmung, ein Sichbewegen in allerlei unbestimmten Plänen, sondern einen festen Entschluß und die vollkommene Übereinstimmung zwischen zwei oder mehreren Tätern [4]) sowohl über das Ziel als auch über die Mittel.

(»résolution d'agir concertée et arrêtée,« vgl. Art. 89).

Erst von diesem Moment an entsteht ein Komplott im Sinne des Gesetzes. Der Entschluß braucht sich nicht nach außen durch irgendwelche Handlungen kundzutun, das Verbrechen besteht unabhängig davon.

---

1) Vgl. van Calker, Hochverrat und Landesverrat, VD. Allg. T., loc. cit., S. 13, 27, 68 ff.

2) Garraud, loc. cit., t. III, p. 311. Ortolan, Eléments de droit pénal, IV. édit., Paris 1785, t. I, p. 466.

3) Destriveaux, Essaies sur le Code pénal, p. 4; Nypels, Le Code pénal belge interprêté, t. I, p. 254.

4) Garraud, loc. cit., t. III, p. 308/309; Faustin Hélie, Théorie du Code pénal, 6. édit., Paris 1887, t. II, p. 82.

»Le complot n'est qu'un crime de pensées et de paroles, il est immatériel.«[5])

»Complot« und »attentat« liegen, auch wenn ihre sonstigen Voraussetzungen erfüllt sind, nur dann vor, wenn sie die ganz genau vom Gesetz festgelegten Zielrichtungen haben. Neben dem Art. 86 sind es die Art. 87 und 91, die hier in Betracht kommen.

»Attentat« und »complot« müssen sich danach wenden gegen:

»das Leben und die Person des Monarchen, Art. 86; die Mitglieder seiner Familie (ihr Leben und ihre Person), Art. 87, Satz 3;

die Regierungsform und die Thronfolgeordnung, Art. 87, Satz 3.«

Sie müssen ferner zum Ziel haben;

die Bürger und Einwohner aufzureizen, sich zu bewaffnen gegen die kaiserliche Autorität, Art. 87, Satz 4;

den Bürgerkrieg zu erregen durch Bewaffnung oder Anreizung zur Bewaffnung der einzelnen gegeneinander, Art. 91, Satz 1[6]);

Verwüstungen, Metzeleien und Plünderungen in den Gemeinden zu erregen, — Art. 91, Satz 2[7]).

Nur wenn einer dieser Fälle in Betracht kommt, kann man bei Vorhandensein der übrigen Bedingungen von einem »attentat« oder einem »complot« reden[8]).

Der Code führt außer den Fällen, die er mit »complot« und »attentat« bezeichnet unter den »crimes contre la sûreté intérieure de l'État« — ähnlich der Gesetzgebung von 1791 — eine Reihe von Delikten auf, denen er diese Bezeichnung nicht beigelegt hat. Es sind die Art. 92—108. Er regelt hier in eingehender Weise bestimmte Fälle, die er als Hochverratsdelikte ansieht. Obwohl sich vom Standpunkt der Rechtssicherheit aus viel dagegen einwenden ließe, müssen wir uns doch versagen, im Rahmen dieser Arbeit auf jeden einzelnen Artikel einzugehen. Wir greifen lediglich die Kategorie der Verbrechen heraus, die sich mit der Bildung von Banden und ihrer Organi-

---

5) Rede des Herrn De Laboulie in der Sitzung der Deputiertenkammer v. 24. Aug. 1845; Moniteur v. 25. August 1845 im Moniteur Universel.

6) Garraud, loc. cit., t. III, p. 320, 323; Lemasson, De l'attentat et du complot, p. 91, 95, 96, 98, 100.

7) Faustin Hélie, loc. cit., t. II, p. 129 und Nypels, loc. cit., t. I, p. 295 betrachten dies Delikt nicht als politisches.

8) Vgl. über d. Interpret. d. Art.: Garraud, t. III, p. 323; Nypels, loc. cit., t. I, p. 294.

Vgl. dazu: Faustin Hélie, loc. cit., t. II, p. 100; Garraud, loc. cit., t. III, p. 311; Nypels, loc. cit., t. I, p. 256; Ortolan, t. I, p. 469.

sation befaßt. Es sind die Art. 96 ff. Der Begriff der Bande ist nicht erläutert [9]), und doch ist er keineswegs aus sich selbst verständlich. Die französischen Schriftsteller verstehen allgemein darunter das Vorhandensein einer gewissen Organisation [10]) bei bewaffneten Haufen. Der Gegensatz dazu ist »attroupement«, der eine Vereinigung von Menschen ohne Organisation darstellt. Der Art. 96 bestraft nun denjenigen, der sich an die Spitze eines solchen bewaffneten Haufens setzt, wenn dieser mit ganz bestimmten Zielen organisiert ist:

> »soit pour envahir des domaines, propriétés ou deniers, publics, places, villes, forteresses, postes, magasins, arsenaux, ports, vaisseaux ou bâtiments appartenant à l'État, soit pour...« vgl. Art. 96.

Jede Organisierung einer Bande mit einem anderen Ziel fällt nicht unter Art. 96 sondern unter Art. 265. Der Absatz 2 des Art. 96 bestraft diejenigen, die die Banden geleitet oder organisiert oder ihnen Hilfsmittel verschafft haben, auch diejenigen, die Verbindungen mit den Leitern der Banden unterhielten. Hier taucht der im Code pénal von 1791 gebrauchte Begriff der »intelligence« wieder auf.

Der Artikel läßt in seiner Ausdehnungsmöglichkeit ein großes richterliches Ermessen zu, worauf Garraud [11]) mit Recht tadelnd hinweist.

Der Hochverrat im Code pénal von 1810 hat, vom Gesichtspunkt der Rechtssicherheit aus betrachtet, gegenüber dem Code von 1791 den Vorteil, daß die Begriffe des »complot« und »attentat«, auf denen sich ein Teil der Deliktsgruppen aufbaut, definiert sind. Freilich sind auch hier noch Lücken vorhanden. Die Festlegung dessen, was man unter »attentat« versteht — ob eine der beiden Versuchsarten oder auch jede Vorbereitungshandlung — bedeutet z. B. einen recht empfindlichen Mangel [12]). Das Prinzip der Rechtssicherheit wird ferner trotz des Vorzugs der allgemeinen Definierung von Grundbegriffen wieder

---

9) Vgl. Destriveaux, loc. cit., p. 21; Garraud, loc. cit., t. III, p. 331; Locré, loc. cit., t. 29, p. 340.

10) Blanche, Études pratiques sur le Code pénal, t. II, Nr. 553.

11) Garraud, loc. cit., t. III, p. 335.

12) Das Eigenartige am Art. 96 ist, daß die Ziele, die hier angegeben sind, mit den Art. 87 und 91 korrespondieren. Sie haben ein gemeinsames Ziel, nämlich den Umsturz der Regierung

> »car l'envahissement et le pillage des propriétés publiques ne peuvent être qu'un moyen de préparer ou de faciliter l'attentat.« (Vgl. Faustin Hélie, loc. cit., t. II, p. 149.)

Der Art. 97 bestraft direkt die Fälle, in denen die Verbrechen der Art. 86, 87, 91 von einer Bande verübt werden. Hier versucht denn auch ein Gesetz von 1832 eine Wandlung zu schaffen. Vgl. dazu: Faustin Hélie, loc. cit., t. II, p. 100; Garraud, loc. cit., t. III, p. 311; Nypels, loc. cit., t. I, p. 256; Ortolan, t. I, p. 469.

geschwächt dadurch, daß in langen kasuistischen Artikeln, die gegenüber dem Code von 1791 neu sind, Tatbestände aufgestellt werden, die dem Richter große Ermessensfreiheit überlassen. Wir sahen es an einem Beispiel, das wir herausgriffen, der Regelung des Bandenbegriffes, vor allem im Art. 96, Abs. 2.

Von einem etwas weiteren Gesichtspunkt betrachtet, sind die hier noch einmal aufgeführten Verbrechen schon vorher in den Art. 87 und 91 mit Strafe bedroht.

Ebensowenig wie das Gesetzbuch von 1791 bringt der Code pénal von 1810 den Begriff »Landesverrat«. Er regelt in einer überaus umfassenden Weise unter den »crimes contre la sûreté extérieure de l'État« diese Materie. An der Spitze steht im Art. 75 die landesverräterische Waffenhilfe mit derselben Fassung wie im Code von 1791 im Art. 3 [13]).

Es folgt im Art. 276 die landesverräterische Friedensgefährdung in fast genau derselben Fassung wie Art. 1 im Code von 1791: [14])

Auch hier werden 2 Fälle unterschieden [15]). Bezüglich der Rechtssicherheit gilt dasselbe, was von dem Artikel im Code von 1791 gesagt ist [16]).

Die landesverräterische Friedensgefährdung wird gegeüber dem Code von 1791 [17]) bedeutend erweitert durch die Art. 284 und 285.

Im Art. 284 wird derjenige bestraft, der durch

»actions hostiles non approuvées par le Gouvernement«

den Staat einer Kriegserklärung ausgesetzt hat.

Im Art. 85 heißt es:

»Quiconque aura, par des actes non approuvés par le Gouvernement, exposé des Français à éprouver des représailles, sera puni du banissement.«

Die Frage, ob sich in subjektiver Beziehung die Absicht des Täters dahin richten muß, Frankreich in einen Krieg zu ziehen oder Repressalien auszusetzen, ist nicht im Gesetz geregelt. Es bestehen hier in den Ansichten der Literatur starke Widersprüche [18]).

Die landesverräterische Begünstigung in derselben Kasuistik wie im Code von 1791 wird durch die Art. 77 und 78 unter Strafe gestellt. Der Wortlaut des Art. 77 stimmt mit dem des Art. 4 fast völlig überein.

---

[13]) Vgl. S. 174.

[14]) Vgl. S. 173.

[15]) Vgl. S. 173.

[16]) Vgl. S. 173/74.

[17]) Dieser regelt lediglich Handlungen von Ministern und Truppenkommandanten, die in landesverräterischer Weise den Frieden gefährden, im Art. 2.

[18]) Vgl. van Calker, loc. cit., p. 70.

Bezüglich der Rechtssicherheit gilt das, was zu diesem Artikel gesagt wurde. Der Artikel überläßt dem Richter durch seine ungeklärten Begriffe eine große Ermessensfreiheit.

Der Artikel 78 enthält eine Erweiterung gegenüber dem Code von 1791, er behandelt die einfache landesverräterische Begünstigung. Sie ist dann gegeben,

»si la correspondance avec les sujets d'une puissance ennemie«,

ohne einen der Zwecke im Art. 77 zu verfolgen,

»a néanmoins eu pour résultat de fournir aux ennemis des instructions nuisibles à la situation militaire ou politique de la France ou de ses alliés«.

Der Artikel umfaßt sowohl die Schädigung der militärischen als auch der politischen Lage. Er geht außerordentlich weit und bietet in dieser Fassung äußerst wenig Rechtssicherheit.

Die landesverräterische Geheimnisverletzung bedroht der Code von 1810 in den Art. 80, 81 und 82 mit Strafe. Der Art. 80 bestraft die Verletzung von Staaatsgeheimnissen. Im Gegensatz zum Code von 1791 kann sie neben dem Beamten auch jede andere Person begehen. Von militärischen Operationen ist hier, im Gegensatz zu Art. 6 des Code von 1791, der dem Art. 80 entspricht, keine Rede. Es wird jede Person bestraft, die

»chargée ou instruite officiellement ou à raison de son état du secret d'une négociation ou d'une expédition, l'aura livré aux agents d'une puissance étrangère ou de l'ennemi«.

Der Art. 81 bestraft die Verletzung militärischer Geheimnisse durch einen Beamten und entspricht fast wörtlich dem Art. 7 des Code von 1791.

Eine Erweiterung des Art. 7 stellt der Art. 82 des Code von 1810 dar. Er ist eine Ergänzung zu Art. 81 und bestraft jede andere Person außer den Beamten, die in den Besitz der oben genannten (Art. 81) Pläne auf rechtmäßige oder unrechtmäßige Art und Weise gekommen ist und sie den Feinden verraten hat [19]).

Die Artikel über die landesverräterische Geheimnisverletzung sind im großen und ganzen klar gefaßt.

Die Tatbestände über den Landesverrat im Code von 1810 bilden, vom Standpunkt der Rechtssicherheit aus betrachtet, keinen Fortschritt gegenüber dem Code von 1791. Es werden zum Teil dieselben Begriffe wieder gebracht; wo der Code eine Erweiterung in der Aufstellung von strafbaren Handlungen vornimmt, führt er nur zu oft eine große Ermessensfreiheit des Richters ein.

---

[19]) Die Spionage ist hier nicht angeführt, sie wird im Militärstrafgesetzbuch mit Strafe bedroht.

Widerstand gegen die Staatsgewalt.

Den Widerstand gegen die Staatsgewalt behandelt der Code pénal von 1810 im Art. 209.

Man bezeichnet dies Delikt allgemein als »rébellion«. Es besteht aus 4 Grundelementen. Zunächst muß ein Angriff gegen einen Beamten mit »violences et voies de fait« [20]) vorliegen. Ein bloßes Sich-passiv-verhalten genügt auch im Code von 1810 nicht. Während der Code von 1791 nur von »violences et voies de fait« sprach, die dem Beamten entgegengebracht werden müssen, fügt der Code von 1810 den Begriff »attaque« ein.

Bezüglich der Rechtssicherheit in diesen Begriffen vergleiche S. 180/81.

Gegenüber (»envers«) dem Beamten muß der Widerstand erfolgt sein. Ein mit Gewalttätigkeiten verbundener Ungehorsam außerhalb der Gegenwart des mit der Ausführung der Gesetze beauftragten Beamten genügt nicht, um das Delikt der »rébellion« herzustellen [21]).

Der Ausdruck der »violences et voies de fait« ist nach der Rechtsprechung des Kassationshofs vom 15. Oktober 1824 nicht »sacramentelle« [22]). (Vgl. Blanche, loc. cit., t. IV, p. 23; Dalloz, loc. cit., Anm. 5, 17, 18.)

Ob Gewalttätigkeiten gegen Sachen in Gegenwart des Beamten das Delikt der »rébellion« herstellen, ist streitig. Garraud bejaht es [25]), denn dadurch soll ja der Beamte an seiner Aufgabe gehindert werden. Die Rechtsprechung [23]) steht zum Teil in der späteren Zeit auf anderem Boden [24]), sie stimmt nur dann zu, wenn die Sachen unter den Schutz des Beamten gestellt sind [25]).

Als 2. Element der »rébellion« kommen die im Art. 209 aufgezählten Beamtengruppen in Betracht. Ein Widerstand mit »violences et voies de fait« ist nur dann als Widerstand anzusehen, wenn er sich gegen einen im Gesetz aufgezählten Beamten richtet, officiers ministeriels, forestiers etc. (s. d. Art.). Die Aufzählung ist limitativ. Doch

---

[20]) Faustin Hélie, loc. cit., t. III, Rebellion nr. 366, p. 936; Blanche, loc. cit., t. IV, nr. 24; Rauter, Traité théorique et pratique de Droit criminel français, t. I, p. 379; Garraud, loc. cit., t. III, p. 377; Boitard, Leçons de droit criminel, p. 274.

[21]) Garraud, loc. cit., t. III, p. 379; Faustin Hélie, loc. cit., t. III, p. 339; Rauter, loc. cit., t. I, p. 382.

[22]) Bulletin criminel des arrêts de la Cour de Cassation, nr. 146.

[23]) Garraud, loc. cit., t. III, p. 378.

[24]) Vgl. Faustin Hélie, loc. cit., t. III, p. 84; anders die belgische Rechtsprechung, vgl. Sirey, loc. cit., p. 83.

[25]) Urteil d. Kass.-Hofs v. 29. Okt. 1812. Dalloz, Répertoire de Législation, de doctrine, de jurisprudence, p. 22.

dehnt die Wissenschaft die Anwendung des Art. 209 auch auf Hilfsbeamte aus, die eine der genannten Personen unterstützen [26]).

Die Aufzählung der Beamten steht im Gegensatz zum Code von 1791 [27]). Er ließ ein Widerstandsrecht zu gegen

»tous les dépositaires quelconques de la force publique«

und bot durch seine weite Fassung für das Widerstandsrecht des Bürgers eine große Sicherheit, während er hier nicht weiß, ob der Betreffende, dem er sich widersetzt, zu den aufgezählten Beamten zu rechnen ist und sich hierüber erst Klarheit verschaffen müßte, um sich nicht strafbar zu machen. Allerdings wird davon lediglich bei Grenzfällen die Rede sein können.

Hinsichtlich der einzelnen Beamtengruppen hat die Rechtswissenschaft genaue Abgrenzungen darüber vorgenommen [28]) und festgestellt, welche Beamten zu den aufgezählten Gruppen gehören.

All diese Beamten müssen in Ausführung von Gesetzen usw. handeln, damit der Widerstand gegen sie strafbar ist. Das Gesetz sagt:

»*agissant pour l'exécution des lois*, des ordres ou ordonnances de l'autorité publique, des mandats de justice ou jugements...«

Es genügt also nicht etwa, daß der Beamte in Ausübung seiner Funktionen handelt, die den allgemeineren Begriff umfassen. Besonders betont dies Garçon [29]), während Garraud [30]) die Ausdrücke

»dans l'exercice des fonctions« und »agissant pour l'exécution des lois...«

für gleichbedeutend erachtet.

Auch Blanche [31]) steht auf dem Standpunkt, den Garçon einnimmt. Er verweist auf Art. 230 und 228, in dem bloß von der »exercice des fonctions« die Rede ist und setzt sie gegeneinander, obwohl sie sich schneiden, was er auch zugeben muß.

Die Rechtsprechung ist außerordentlich schwankend [32]).

Eine der wichtigsten Fragen auf dem Gebiet des Widerstandes

---

[26]) Garraud, loc. cit., t. III, p. 378; Faustin Hélie, loc. cit., t. III, p. 939; Blanche, loc. cit., p. 39.

[27]) Vgl. oben.

[28]) Garraud, loc. cit., t. IV, p. 206; t. III, p. 378/79 a; t. IV, p. 207.; Blanche, loc. cit., t. IV, p. 34, 39; Faustin Hélie, loc. cit., t. III, p. 939; Rauter, loc. cit., t. I, p. 382; Garçon, Code pénal annoté, p. 492/93.

[29]) Garçon, loc. cit., Art. 209.

[30]) Garraud, loc. cit., t. IV, p. 208.

[31]) Blanche, loc. cit., t. IV, nr. 42 u. 44.

[32]) Blanche, loc. cit., t. IV, p. 71; Bulletin criminel des arrêts de la Cour de Cassation, no. 544. Urteil vom 27. Dezember 1851; Patthias, La rébellion, p. 55 ff.

gegen die Staatsgewalt ist die, ob der Widerstand nur dann bestraft wird, wenn der Beamte rechtmäßig handelt, dagegen ein Widerstand gegen unrechtmäßige Handlung straffrei und erlaubt ist. Der Code von 1791 hatte hierüber eine klare Regelung getroffen mit den Worten:

> »Tout dépositaire ... agissant *légalement* dans l'ordre de ses fonctions.« [33])

Die Konstitution vom 24. Mai 1793 hatte ausdrücklich das Widerstandsrecht gegenüber illegalen Akten im Art. 11 anerkannt, das bisher nur in der Erklärung der Menschenrechte verankert war [34]). Der Artikel lautet:

> »Tout acte exercé contre un homme, hors des cas et sans les formes que la loi détermine est arbitraire et tyrannique: celui contre lequel on voudrait l'exécuter par la violence a le droit de le repousser par la force.«

Umsomehr muß man sich wundern, daß der Code von 1810 folgende Fassung bringt:

> »agissant pour l'exécution des lois, des ordres ou ordonnances de l'autorité publique, des mandats de justice ou jugements...«.

Hier ist das Wort »*légalement*« ausgelassen; man muß vermuten, daß diese Fassung absichtlich gewählt worden ist und man damit zum Ausdruck hat bringen wollen, daß die Rechtmäßigkeit der amtlichen Handlungen unwesentlich für die Strafbarkeit eines Widerstands sei und es ein Widerstandsrecht überhaupt nicht mehr geben soll. Dies würde einen gewaltigen Rückschritt und damit eine große Beeinträchtigung der Rechtssicherheit des Bürgers bedeuten.

Man hat nun nicht etwa in der französischen Literatur allgemein den Standpunkt eingenommen, daß hier lediglich ein Vergessen des Gesetzgebers vorliegt und auch ohne die ausdrückliche Betonung des »légalement« dies als selbstverständlich und in der Entwicklung liegend, als zum Begriff des Widerstands gegen die Staatsgewalt gehörend, betrachtet, sondern es bilden sich verschiedene Meinungen sowohl in der Literatur als auch in der Rechtsprechung.

Ein Teil der Literatur ist Anhänger des provisorischen Gehorsams, so Serrigny [35]), ebenso Bertauld [36]). Bourguignon [37]) ist Anhänger des passiven Gehorsams und ebenso wie Blanche [38]) einem Widerstand gegen die Staatsgewalt wenig geneigt.

---

33) Vgl. 101.
34) Vgl. S. 178.
35) Serrigny, Droit public des Français, t. I, p. 467.
36) Bertauld, Cours de Droit pénal, Paris 1854, zu Art. 209.
37) Bourguignon, Jurisprudence des Codes criminels, Paris 1825, p. 227.
38) Blanche, loc. cit., t. IV, p. 46.

Bourguignon macht zwar gewisse Unterscheidungen; sein Standpunkt leitet sich aus der Furcht her, die Zulassung eines Widerstandsrechts würde den Staat zerstören.

Derselbe Beweggrund ist es, der Blanche zu seiner Stellungnahme führt.

Unbedingte Anhänger des Widerstands gegen ungesetzmäßige Handlungen sind Carnot [39]), Le Sellyer [40]) und Sirey [41]).

Gewisse Unterscheidungen machen Trébutien [42]) und Rauter [43]), ebenso Boitard [44]) und Faustin Hélie [45]).

Die beiden letzteren wollen nur einen Widerstand zulassen, wenn der Beamte »proprio motu« handelt; hat er dagegen einen Titel (titre), so verurteilen sie den Widerstand, mag auch der Titel unrechtmäßig oder gar nichtig sein.

Rauter und mit ihm Chassan [46]) verlangen, daß der Titel formell in Ordnung sei.

Garraud [47]) betrachtet die Frage vom Gesichtspunkt der Notwehr aus; er schließt sich zum Teil an Faustin Hélie und Boitard an und verlangt mit Garçon [48]) und Trébutien, daß der Titel von der zuständigen Behörde ausgeht. Im allgemeinen nimmt er eine stark vermittelnde Stellung ein.

Aus all dem ergibt sich, daß die Literatur eine wenig klare Stellung und einheitliche Auffassung vertritt.

Ebensowenig einheitlich ist die Rechtsprechung. Im Prinzip vertritt der Cour de Cassation den Standpunkt, daß es einen Widerstand auch gegen illegale Akte nicht gibt. Er vertritt also damit den Standpunkt des früheren Rechts. Diese Auffassung wird ausdrücklich in den Prozessen Bernhard (5. Jan. 1821) [49]), Voisin (15. Okt. 1824) [50]), Campocasso (15. Juli 1826) [51]). Antoniolo [52]) (15. Sept. 1864) und vielen anderen [53]) bestätigt.

---

39) Carnot, Commentaire sur le Code pénal, Art. 209, Paris 1823.

40) Le Sellyer, Traité de la criminalité, Paris 1874, t. I, p. 187.

41) Sirey, loc. cit., 1821, I, 122.

42) Trébutien, Cours élémentaire du droit criminel, Paris 1854, t. I, p. 146.

43) Rauter, loc. cit., t. I, 384.

44) Boitard, loc. cit., p. 274.

45) Faustin Hélie, loc. cit., t. III, p. 940.

46) Chassan, Les délits de la parole et de la presse, Paris 1845, t. I, p. 323.

47) Garraud, loc. cit., t. III, p. 380; t. I, p. 245.

48) Garçon, loc. cit., Art. 209.

49) Sirey, loc. cit., 1821, I, 122.

50) Dalloz, Répertoire de législation de doctrine et de jurisprudence, n° 32.

51) Dalloz, loc. cit., n° 37.

52) Sirey, loc. cit., 1865, I, 152.

53) Vgl. Sirey, loc. cit., 1824, I, 289, Urteil vom 3. Sept. 1824; Urteil vom 20. Februar 1829, Dalloz, loc. cit., n° 37.

In dem Prozeß Bernhard drückt der Kassationshof das Prinzip, das in sämtlichen anderen Prozessen obwaltet, folgendermaßen aus:

»La circonstance que le commissaire de police, en ordonnant l'arrestation du demandeur, serait sorti de ses attributions, ne pouvait rien ôter au caractère du délit de rébellion déterminé par l'article 209, *puisque cet article ne subordonne pas son application au plus ou moins de régularité dans les ordres émanés de l'autorité pour faire agir la force publique...*«

»cette illégalité ne peut, en aucun cas, autoriser un particulier à s'y opposer avec violence et voies de fait...«

»*le système contraire conduirait directement à autoriser chaque particulier à se constituer juge des actes émanés de l'autorité publique...*«.

Dies würde sein

»subversif de tout ordre public«.

Von dem hier aufgestellten Prinzip weicht die Rechtsprechung in einer Anzahl von Entscheidungen wieder ab. So erklärt sie in dem Fall Poivre [54]), laut Urteil vom 7. April 1837, daß Poivre sich dem Forstbeamten, der ihn auf Grund einer nicht vom Gesetz zugelassenen Verhaftung festnahm, zu Recht widersetzte und sich dadurch nicht des Delikts der »rébellion« schuldig gemacht habe.

Die entgegengesetzten Entscheidungen waren ergangen in den Urteilen vom 16. Mai 1817 [55]) und 26. Februar 1829 [56]). 2 Jahre vor dem Urteil vom 16. Mai 1817 hatte der Cour de Cassation in 2 Urteilen vom 14. September [57]) und 27. Oktober 1815 [58]) entschieden, daß der Widerstand gegen die tatsächlich bestehende, aber unrechtmäßige Regierung selbst mit Truppenmacht, keine »rébellion« sei, außer wenn die rechtmäßige zu gehorchen befohlen habe.

In dem Urteil vom 25. März 1852 entscheidet der Cour de Cassation von neuem, daß ein Widerstand gegen ungesetzmäßige Handlungen des Beamten — es handelt sich hier um eine Überschreitung seiner Befugnisse — zulässig sei [59]).

Die Rechtsprechung der Cours d'appel ist im Prinzip der des Cour de Cassation entgegengesetzt. Sie erkennt einen Widerstand gegen illegale Akte des Beamten an und betrachtet ihn als einen Fall

---

54) Sirey, loc. cit., 1838, I, 641.

55) Dalloz, loc. cit., Répertoire... 37, 10.

56) Dalloz, loc. cit., Répertoire... 37.

57) Dalloz, loc. cit., Rébellion, n° 42.

58) ibidem.

59) Bulletin criminel des arrêts de Cassation, 1852, n° 108.

der Notwehr [60]). Die Urteile der Cours d'appel werden daher meistens von dem Cour de Cassation aufgehoben.

Dadurch, daß der Code von 1810 bei der Behandlung des Widerstands gegen die Staatsgewalt nicht ausdrücklich die Rechtmäßigkeit der Handlung des Beamten hervorhob als Grundmerkmal für die Strafbarkeit des Widerstands, hat er eine neue große Rechtsunsicherheit geschaffen.

Übrigens besteht eine ähnliche Unsicherheit im deutschen Recht, obwohl bei uns die Rechtmäßigkeit der Amtsausführung zum Tatbestand gehört! Der Begriff der rechtmäßigen Amtsausübung erfordert hier nur, daß der Vollstreckungsbeamte den Befehl einer im allgemeinen zu solchem Befehl zuständigen Behörde in gesetzlicher Weise zur Ausführung bringt. Daß der Befehl im Einzelfall ungesetzlich war, ist für den Begriff des Widerstands gegen die Staatsgewalt im deutschen Recht nach der in der Wissenschaft stark umstrittenen (Binding!) Rechtsprechung des Reichsgerichts bedeutungslos. Vgl. RG. 2, 411; 55, 161.

Als letztes Element des Widerstands gegen die Staatsgewalt ist noch die verbrecherische Absicht (intention délictuelle) erforderlich. Es steht zwar nicht im Gesetz, wird aber von der Literatur ausdrücklich verlangt. Die verbrecherische Absicht besteht nach ihr darin, daß sich der Wille darauf richten muß, den Beamten in der Ausführung des Gesetzes zu hindern [61]).

Zusammenfassend läßt sich über das Prinzip der Rechtssicherheit in der Fassung des Art. 209 folgendes sagen:

Die hier gewählte Fassung bedeutet einen großen Rückschritt gegenüber dem Code von 1791. Die schwankende Stellung der Wissenschaft und der Rechtsprechung hinsichtlich des Widerstands gegen unrechtmäßige Handlungen vermag eine klare Linie für die Praxis nicht herauszuarbeiten und damit über das unklare Gesetz hinweg Rechtssicherheit zu schaffen.

Notwehr.

Der Code pénal von 1810 regelt die Materie der Notwehr in den Art. 328 und 329.

[60]) Urteil der Cour d'Agen vom 25. Mai 1823, Dalloz, loc. cit., Répertoire..., Rébellion, n° 39; Urteil der Cour de Coutances v. 7. Aug. 1824, Dalloz, loc. cit., Rébellion, n° 32; Urteil der Cour de Beauvais v. 29. Sept. 1828, Dalloz, loc. cit., Rébellion, n° 37; Urteil der Cour de Bourges v. 10. Mai 1838, Sirey, loc. cit., 1838, 2, 491.

[61]) Vgl. dazu im einzelnen: Garraud, loc. cit., t. III, p. 379, 381; Garçon, loc. cit., Art. 209; Faustin Hélie, loc. cit., t. III, p. 339; Blanche, loc. cit., t. IV, p. 40.

Der Art. 328 behandelt den Begriff der Notwehr und seine Definitionen, Art. 329 gibt zwei Fälle an, die der Gesetzgeber mit zur Notwehr gerechnet haben will.

Im Art. 328 ist der Notwehrbegriff in derselben Art und Weise definiert wie im Art. 6 des Code pénal von 1791 (partie II, titre II, section I). Es sind lediglich die »coups« und »blessures«, die anderen Verletzungsmöglichkeiten, die im Fall der Notwehr entstehen können, und die die Gesetzgebung von 1791 im Code de police municipale et correctionnelle du 19 juillet 1791 geregelt hatte, hier mit einbezogen. Auch hier wieder sind an Stelle einer allgemeinen Regelung nur bestimmte Formen des rechtswidrigen Angriffs durch die Gesetzgebung vorgesehen. Dieselben Lücken, die sich bei der Definition des Code von 1791 zeigten, machen sich hier bemerkbar. Rechtsprechung und Literatur, die sich fast über 100 Jahre erstrecken, haben versucht, die unklaren Begriffe zu klären und bestimmte Prinzipien zu entwickeln da, wo das Gesetz Lücken aufweist.

Verteidigungsfähig ist nach Art. 328, ebenso wie nach dem Code von 1791, die Person — die eigne und die fremde. Dazu gehören das Leben und die Körperintegrität, aber nur in beschränktem Maße. Nach der französischen Doktrin und Rechtsprechung muß man, um in die Notwendigkeit (nécessité), sich oder einen anderen zu verteidigen, versetzt zu sein, von schweren Angriffen bedroht sein. Es muß ein »mal irréparable« sein [62]). Eine Notwehr gegen leichte Körperverletzung gibt es daher nicht [63]). Wir kommen darauf noch zu sprechen.

Die Notzucht wird als Angriff gegen die Person betrachtet [64]), ebenso der Notzuchtsversuch.

Streitig ist die Frage, ob ein »attentat à la pudeur« in Notwehr versetzt. Faustin Hélie [65]), ebenso Vidal [66]) und Dalloz [67]) bestreiten es.

Diese Frage hängt eng zusammen mit der, ob überhaupt ein Angriff gegen die Ehre notwehrfähig ist.

Der Berichterstatter Faure [68]) hatte im Staatsrat ausdrücklich eine Ehrennotwehr verworfen:

> »Le citoyen qui repousse un outrage grave, n'est pas mis dans la nécessité d'opposer la force à la force.«

---

62) Garraud, loc. cit., t. I, p. 574.

63) Ortolan, loc. cit., p. 173, Paris 1875.

64) Garraud, loc. cit., t. II, p. 30.

65) Faustin Hélie, loc. cit., t. IV, p. 197.

66) Vidal, loc. cit., p. 306.

67) Dalloz, Code pénal annoté, Art. 328.

68) Locré, loc. cit., t. 30, p. 478.

Diesen Standpunkt verwerfen Le Sellyer [69]), Ortolan [70]) und Garçon [71]).

Eine Notwehr gegen Angriffe auf Sachen läßt der Code von 1810 nicht zu. Hier zeigt sich in aller Schärfe das Ungenügende der gesetzlichen Bestimmungen. Auch die Notwehrfälle des Art. 329 werden auf die Person zurückgeführt [72]), die ganze Regelung ist in der Praxis vollkommen unbefriedigend. So zeigt sich denn das Bestreben, eine Notwehr gegen Angriffe auf materielle Güter zuzulassen.

Trébutien [73]) stützt sich auf Art. 329. Garraud [74]) beruft sich auf »contrainte morale« [75]), Garçon [76]) will eine Notwehr gegen Angriffe auf Sachen nicht allgemein abgelehnt wissen. Der Cour de Cassation [77]) läßt auch hier und da Notwehr gegen Angriffe auf Sachen zu.

Der Angriff muß gegenwärtig und widerrechtlich sein.

Über den Begriff der Gegenwärtigkeit ist man sich einig, er wird wie im deutschen Recht bestimmt. Im Staatsrat hatte Monsaignat [78]) gesagt:

»On peut légitimement se défendre, soit qu'on ait été frappé, soit qu'on se trouve dans un pressant danger de l'être.«

Die Auffassung wurde allgemein von der französischen Theorie und Praxis übernommen.

Bei der Frage der Widerrechtlichkeit taucht immer wieder der Streit darüber auf, ob man sich gegen ungesetzmäßige Akte der Beamten wahren dürfe, eine Frage, die wir schon hinlänglich gewürdigt haben.

Im übrigen wird objektive Widerrechtlichkeit als genügend angesehen.

Als letztes Moment wird gefordert, daß der Angriff sich nicht anders abwehren läßt; »homicide, coups et blessures« müssen sein

»indispensablement commandés par la nécessité de défense«.

Faustin Hélie [79]) sagt dazu:

»ainsi, celui-là excède les bornes d'une légitime défense qui

---

69) Le Sellyer, Traité de la Criminalité, Paris 1867, t. I, p. 249.
70) Ortolan, loc. cit., Paris 1875, p. 173.
71) Garçon, Code pénal annoté, Art. 328.
72) Faustin Hélie, loc. cit., t. IV, p. 210, 212.
73) Trébutien, Cours de droit criminel, Paris 1854, t. I, 141;
74) Garraud, loc. cit., t. I, p. 401.
75) Vgl. dazu: Oetker, Notwehr, VD. Allg. T., S. 303, loc. cit.
76) Garçon, loc. cit., Art. 329.
77) Sirey, loc. cit., 1903, 1, 5.
78) Locré, loc. cit., t. 30, p. 513.
79) Faustin Hélie, loc. cit., t. IV, p. 183.

se sert d'une arme meurtrière quand l'aggresseur n'en avait pas«. Dieser Standpunkt wird von Garraud [80]) abgelehnt.

Hier spielt der Fall eine Rolle, daß man nach der französischen Theorie leichte Körperverletzungen ertragen muß. Dies ist eine sehr bedenkliche Ausnahme, weil man ja niemals wissen kann, ob aus dem drohenden Übel eine leichte oder schwere Körperverletzung entspringt [81]).

Mouton [82]) steht auf dem Standpunkt, daß eine gewisse Proportion zwischen der Verletzung und dem drohenden Übel notwendig ist. Garraud [83]) lehnt dies ausdrücklich ab:

»Celui qui est attaqué et qui est mis dans la nécessité de se défendre peut faire à son aggresseur tout le mal indispensable pour que son droit sauvegardé.«

Ortolan [84]) will erhebliche Verletzungen gegenüber einem geringfügigen Übel bestraft wissen.

Die Flucht wird von der größten Anzahl der Schriftsteller nicht als notwendig gefordert [85]).

Faustin Hélie [86]) sagt, man dürfe einen Angriff nicht suchen, müsse ihn vielmehr vermeiden, ohne daß man zu fliehen braucht. Trébutien [87]) dagegen fordert die Flucht, doch steht er ziemlich allein da [88]).

Notwehr gegen Notwehrexzeß wird von der französischen Theorie zugelassen [89]), dies geht ja auch aus dem Gesetzestext hervor. Hier wurden die Ausführungen des Berichterstatters Faure in der Sitzung des Staatsrats allgemein zugrunde gelegt:

»L'agresseur saurait invoquer l'exception de légitime défense, pour justifier des voies de fait contre celui qu'il aurait réduit à la nécessité de se défendre.«

Sehr umstritten sind die Spezialfälle des Art. 329. Der größte Teil der französischen Schriftsteller führt sie auf das Prinzip des Art. 328 zurück [90]).

---

80) Garraud, loc. cit., t. I, p. 589.

81) Vgl. Oetker, Notwehr, VD. Allg. T., S. 303, loc. cit.

82) Mouton, Les lois pénales de la France, Paris 1868, p. 127.

83) Garraud, loc. cit., p. 589.

84) Ortolan, Eléments de droit pénal, Paris 1875, p. 175.

85) Le Sellyer, Traité de la criminalité, Paris 1867, t. I, p. 260.

86) Faustin Hélie, loc. cit., p. 202, t. IV.

87) Trébutien, loc. cit., p. 152.

88) Vgl. auch: Haus, Principes géneraux de droit pénal belge, Paris 1874, t. I, p. 451.

89) Garraud, loc. cit., t. I, p. 587; vgl. auch: Sieurac, La légitime défense, p. 61, Le Sellyer, Traité etc., Paris 1867, p. 266.

90) Faustin Helié, loc. cit., IV, p. 210/212.

Gleichzeitig ist streitig, ob der Art. 329 die Elemente, die Art. 328 aufstellt, zu allgemeinen Voraussetzungen haben muß [91]). Die Rechtsprechung ist schwankend [92]).

Zusammenfassend kann man nach dieser Untersuchung über den Notwehrbegriff im Code von 1810 sagen:

Rechtsprechung und Literatur haben es nicht vermocht, die unklaren Begriffe im französischen Notwehrrecht zu klären, zu einheitlichen Linien zu kommen und dadurch das Problem der Rechtssicherheit außerhalb des Gesetzes zu lösen.

Notstand.

Ebensowenig wie der Code von 1791 hat der von 1810 den Notstandsbegriff aufgestellt. Er sagt lediglich im Art. 64:

> »Il n'y a ni crime ni délit, lorsque le prévenu était en état de démence au temps de l'action, ou lorsqu'il a été contraint par une force à laquelle il n'a pu résister.«

Damit glaubt man alles geregelt zu haben. Trotzdem nach dem Art. 65 des Code ein Delikt nur auf Grund gesetzlich festgelegten Entschuldigungsgrundes gerechtfertigt werden kann, hat doch die französische Theorie und Praxis diese Lücke auszufüllen versucht. Sie hat dabei den Notstand unter den im Art. 64 geregelten Fall des Zwanges gebracht.

In Art. 64 ist eine Nötigung, der der Täter nicht zu widerstehen vermochte, ein Deliktsausschließungsgrund (il n'y a ni crime, ni délit...).

Der Artikel 64 unterscheidet »contrainte morale« und eine »contrainte physique« [93]). Auf dem Boden der Notstandstheorie als »contrainte« stehen nicht alle Schriftsteller, so z. B. Le Sellyer [94]).

Unter »contrainte physique« versteht man sowohl die Nötigung durch die Körperkraft eines anderen als auch die durch Naturereignisse [95]). Die Grenze zwischen »contrainte morale« und »contrainte physique« ist flüssig. Oft wird der Notstand überhaupt als »contrainte morale« bezeichnet. Ist dies nicht der Fall, so versteht man

---

[91]) ibidem. Trébutien, Cours élémentairs, t. I, p. 154; vgl. auch: Garraud, loc. cit., p. 592, Ortolan, loc. cit.; zu Art. 329, Garçon, loc. cit., Art. 329.

[92]) Sirey, loc. cit., 1872, 1, 346; 1903, 1, 5; Dalloz, Répertoire... V° crimes et délits contre les personnes, n° 235.

[93]) Vgl. Marchand, De l'État de Nécessité, p. 122/23; Garçon, Revue pénitentiaire, 1901, janvier, p. 81.

[94]) Le Sellyer, loc. cit., p. 177; Moriaud, Du délit nécessaire et de l'état de nécessité, p. 113.

[95]) Garçon, Code pénal annoté, Art. 64.

unter »contrainte morale« meistens den Notstand durch Drohung [96]).

Eine Gefahr für Leib oder Leben wird nicht gefordert. Eine einheitliche, klare Theorie wird von der Rechtswissenschaft nicht herausgebildet, es ist ein ganz unsicherer Boden, auf dem man sich bewegt. Die Praxis entscheidet nach einem gewissen Rechtsgefühl ohne feste Linien [97]). Wenn man sich streng an den Begriff der »contrainte morale« halten wollte, so müßte man fordern, daß im einzelnen Fall geprüft würde, ob der Täter der drohenden Notlage zu widerstehen vermocht hätte. Doch das tut man nicht, sondern wendet einen objektiven Maßstab an, man sieht auf die Größe des bevorstehenden Übels ohne im allgemeinen auf die individuellen Verhältnisse einzugehen [98]).

Der Code von 1810 bringt 2 Fälle, in denen er von »nécessité« ausdrücklich spricht. Es sind die Art. 453 und 454.

In beiden Fällen ist aber nicht gesagt, was unter der »nécessité« verstanden werden soll.

Der Notstand bildet ebenso wie im Code von 1791 eine Quelle der Rechtsunsicherheit. Vom Gesetz nicht geregelt, hat sich hier seiner allmählich die Rechtsprechung und die Rechtswissenschaft bemächtigt und versucht, bestimmte Prinzipien zu entwickeln. Nur in geringem Maße ist der Notstandsbegriff geregelt, Jahrzehnte lang war er, bis die Entwicklung der Rechtswissenschaft zu einem gewissen Abschluß gelangte, ein Gebiet, auf dem der Bürger schutzlos der Rechtsprechung preisgegeben war, und auch nachdem sich diese Prinzipien entwickelt hatten, wurde es nicht viel besser.

Teilnahme.

Der Code pénal von 1810 befaßt sich mit der Teilnahme in den Art. 59, 60, 61 und 62.

Er rechnet zu den Teilnehmern neben den Anstiftern ebenso wie der Code von 1791 auch noch die Begünstiger (Art. 61 und 62). Er steht immer noch auf dem Boden der Einteilung, wie wir sie bei der Behandlung der Teilnahme im Code von 1791 kennengelernt haben.

Zur Strafbarkeit der Teilnahme verlangt der Code das Vorhanden-

---

[96]) Marchand, loc. cit., p. 144; vgl. dazu: Garçon, Revue pénitentiaire, 1900, décembre, p. 1441.

[97]) Vgl. Cassationsurteil vom 15. Nov. 1856; 14. August 1863; 2. Mai 1878; 7. Februar 1880; 7. November 1890.

[98]) Vgl. Marchand, loc., cit., p. 191; Roux, Revue pénitentiaire, décembre, 1900; Oetker, Notstand, VD. Allg. T., S. 378, loc. cit.

sein eines Hauptdelikts. Die akzessorische Natur der Teilnahme wird ebenso wie 1791 gewahrt.

Der Erlaß der Cour de Cassation vom 6. Januar 1809, wenn wegen des Hauptdelikts Amnestie eingetreten sei, dürfe man den Teilnehmer nicht mehr bestrafen, wird auch in der späteren Zeit aufrecht erhalten[99]). Die Teilnahme an einem Versuch des Verbrechens wird ebenso wie 1791 bestraft.

Das Hauptdelikt muß ein Verbrechen oder ein Vergehen darstellen; insofern geht die Gesetzgebung von 1810 weiter. Teilnahme an einer Übertretung wird nicht bestraft.

Die Teilnahme an dem Verbrechen muß vorsätzlich (avec intention) geschehen. Dies ist zwar im Gesetz ausdrücklich nicht gefordert, wird aber allgemein verlangt [101]). Es ist eine genaue Kenntnis des Hauptdelikts und der feste Wille, sich an diesem Delikt zu beteiligen, nach der Rechtsprechung des Kassationshofs erforderlich [102]).

Außerdem gehört zur Teilnahme, daß sie sich genau in der vom Gesetz vorgeschriebenen Art und Weise vollzieht. Hiermit kommen wir zu den einzelnen Teilnahmenoten.

1. Die Anstiftung:

Die Mittel der Anstiftung sind ebenso wie im Code von 1791 im Gesetz limitativ aufgezählt. Sie sind erweitert durch »abus d'autorité ou de pouvoir«. Dieser Ausdruck ist an Stelle der »ordre« getreten, um Klarheit herbeizuführen.

Ein einfacher Rat zu einem Verbrechen wird auch im Code von 1810 nicht als Anstiftung bestraft. Dies System war unhaltbar für die Zukunft und wurde durch eine Reihe von Gesetzesartikeln erweitert [103]).

Der Artikel über die Kollektivanstiftung ist als Spezialregelung weggefallen.

Die Frage, ob die Anstiftung wie die Teilnahme überhaupt zur Mittäterschaft werden kann und wann dies eintitt, ist von der französischen Rechtsprechung und Rechtswissenschaft zwar erörtert worden [104]), praktisch aber von geringer Bedeutung, da die Bestrafung für die Teilnahme und für den Täter ja die gleiche ist. Blanche [105]) trifft folgende Unterscheidung:

99) Vgl. d. Urteile des Kassationshofs vom 10. August 1815, 20. Oktober 1822.

100) Vgl. Garçon, loc. cit., zu Art. 59/60; Birkmeyer, Teilnahme, VD. Allg. T., S. 105, loc. cit.

101) Desguerrois, loc. cit., p. 143 ff.

102) Sirey, loc. cit., 1878, II. partie, p. 174.

103) Vgl. Garçon, loc. cit., zu Art. 59/60.

104) Garçon, loc. cit., zu Art. 59/60; Faustin Hélie, 6. édit., p. 443, 282.

105) Blanche, loc. cit., t. I, § 20.

»Ceux qui ne concourront à une action défendue par la loi qu'en la provoquant, la préparant et la facilitant, ne seront que ses complices; ceux qui y concourront en coopérant à sa consommation deviendront coauteurs: le crime ou le délit ne sera plus le fait d'un seul; il sera commun à tous ceux qui auront participé à sa consommation«.

Höchstens im System der mildernden Umstände kann ein gewisser Ausgleich geschaffen werden.

2. Die Beihilfe:

Der Art. 60 befaßt sich in seinen Abschnitten 2 und 3 mit den Beihilfehandlungen. Im Gegensatz zur Anstiftung sind die Mittel der Beihilfe nicht genau aufgezählt [106]). Hierin folgt der Code von 1810 dem von 1791. Auch hier wird die Absicht dahingehend gefordert, daß der Teilnehmer in genauer Kenntnis des Delikts gehandelt hat [107]).

Der Absatz 3 weist mit seinen Worten

»ceux qui auront aidé ou assisté l'auteur de l'action etc.«

stark von neuem auf das Problem der Mittäterschaft hin. Desguerrois [108]) versucht mit der französischen Wissenschaft ebenso wie Blanche, den wir vorher anführten, die Schwierigkeit dadurch zu lösen, daß er Täter oder Mittäter denjenigen sein läßt, der wirklich ausgeführt hat

»les faits constitutifs du crime ou du délit tels qu'ils sont definis par la loi«.

Eine Mittäterschaft durch ein Handeln im bewußten oder gewollten Zusammenhang, bei der es mehr auf den Willen als auf die äußeren Handlungen ankommt, kennt man nicht.

Wir brauchen auch hier die einzelnen Unterscheidungsmerkmale, die die französische Theorie anführt, deshalb nicht zu behandeln, weil sie auf die Rechtssicherheit, die sich in den Strafen fühlbar machen würde, nicht einwirkt, denn es herrscht ja, wie wir schon oben sagten, das System der Gleichbestrafung.

Die Praxis stellt keine genauen Unterscheidungen auf [109]).

In den Art. 61 und 62 folgt der Code von 1810 der Anordnung des Code von 1791. Es werden Handlungen, die nach der Ausführung des Verbrechens liegen, unter die Teilnahmehandlungen gebracht. Der Art. 61 enthält zunächst den Fall der Personenhehlerei.

Nicht notwendig ist dabei, daß der Verbrecher wegen seines

---

[106]) Birkmeyer führt sie als aufgezählt an. Dies ist offenbar ein Versehen. S. 103, VD. Allg. T. Es heißt »tout autre moyen« in Abs. 2.

[107]) Desguerrois, loc. cit., p. 159, C 111.

[108]) Desguerrois, loc. cit., p. 161/62, 63.

[109]) Garçon, loc. cit., zu Art. 59/60.

Verbrechens verurteilt worden ist, es genügt, daß er es ausgeführt hat [110]). Die Voraussetzungen der Personenhehlerei sind im übrigen klar.

Der Art. 62 enthält die Sachhehlerei. Es ist dazu notwendig, daß die Sache von irgendeinem Verbrechen oder Vergehen herstammt. Hier hat eine gewaltige Erweiterung im Code von 1810 stattgefunden, denn der Code von 1791 kannte nur Hehlerei einer gestohlenen Sache.

Die von einem Verbrechen herstammende Sache muß ferner ganz oder zum Teil wissentlich in die Hände des Hehlers gekommen sein.

Das Essen des gestohlenen Brotes wird nicht als Sachhehlerei aufgefaßt. Die gesamte Theorie wendet sich gegen eine derartige Auffassung, die sich in dem Urteil eines Untergerichts gefunden hat [111]).

Der Text des Artikels widerspricht übrigens auch einer solchen Auffassung.

Der Art. 62 ist nach der Rechtsprechung auch dann anzuwenden, wenn der Beschuldigte in gutem Glauben die Sache an sich gebracht, aber danach diesen guten Glauben verloren hat. Von diesem Augenblick an macht er sich nach Art. 62 strafbar [112]).

Im übrigen ist der Artikel klar. Die Rechtssicherheit ist umsomehr erforderlich, als der Hehler ebenso bestraft wird wie der Haupttäter, da ja die Hehlerei mit unter die für die Teilnahme aufgestellten Prinzipien fällt.

Der Code pénal von 1810 regelt nach all dem die Teilnahme genau so unbefriedigend wie der von 1791. Auch hier läßt sich dasselbe sagen:

Das Gesetz weist sehr starke Lücken auf, da, wo es regelnd eingreift, bringt es im allgemeinen seine Regelung in klaren Ausdrücken und wahrt insoweit das Prinzip der Rechtssicherheit. Die einzelnen genauen Unterscheidungen bei den verschiedenen Teilnahmehandlungen sind lediglich theoretisch von Bedeutung, wirken sich aber in Bezug auf die Rechtssicherheit praktisch nicht aus, so daß ein genaueres Eingehen überflüssig war; denn über allem steht ja das Prinzip der Gleichbestrafung, und die verschiedene Auslegungsmöglichkeit verliert hierbei jegliche Bedeutung.

Der Versuch.

Der Code von 1810 übernimmt in den Artikeln 2 und 3 den Versuchsbegriff des Gesetzes vom 22. prairial an IV (vgl. S. 201).

Äußere Handlungen und ein Anfang der Ausführung müssen

---

110) Blanche, loc. cit., t. II, p. 131.
111) Dalloz, loc. cit., 1871, 5, 89.
112) Desguerrois, loc. cit., p. 200.

zusammenkommen, um den Tatbestand des Versuchs herzustellen [113]. Wo der Anfang der Ausführung beginnt, ist streitig. Bertauld [114]) definiert ihn folgendermaßen:

»Tout acte extérieur, d'où résulte l'actualité du péril pour le droit auquel l'agent a la volonté d'attenter, est un commencement d'exécution de l'infraction.«

Bertauld läßt hier den Versuch auch Vorbereitungshandlungen umfassen. Dagegen wendet sich die französische Theorie ausdrücklichst [115]). Dufrèche [116]) stellt folgendes Unterscheidungsmerkmal auf. Er sagt:

»Prenez dans son ensemble l'infraction que l'agent se proposait de commettre, et voyez si l'acte qu'il s'agit de qualifier peut en être détaché, l'infraction restant complète, si oui, ce n'est qu'un acte préparatoire, si non, c'est un acte d'exécution.«

Trotzdem macht die Abgrenzung im einzelnen Schwierigkeiten [117]).

Streit besteht auch darüber, ob der Gebrauch von falschen Schlüsseln usw. ein »commencement d'exécution ist« oder lediglich Vorbereitungshandlungen verkörpert. Faustin Hélie [118]) bejaht letzteres.

»Ces actes sont en dehors de l'action criminelle, ils la précèdent, la préparent mais ils ne la commencent pas. Dans tous les cas comment soutenir que l'éscalade, par exemple, est un commencement de vol? cet acte ne peut-il pas avoir pour but la perpétration d'un tout autre crime, d'un rapt, d'un vol, d'un assassinat?« [119])

Der Standpunkt ist gefährlich, denn man kann nicht von vornherein entscheiden, ob in allen Fällen der Gebrauch von falschen Schlüsseln nur eine Vorbereitungshandlung darstellt oder nicht doch schon Anfang der Ausführung ist [120]).

Außer den äußeren Handlungen und dem Anfang der Ausführung gehört zu dem Begriff des Versuchs, daß die Handlung unterbrochen worden ist (suspendu) oder ihren Erfolg verfehlt hat durch Umstände,

---

113) Dalloz, Répertoire de législation, tentative, n° 86.

114) Bertauld, Cours de Code pénal, 4° édit., 10° leçon, p. 213.

115) Vgl. Garraud, loc. cit., II. édit., t. III, p. 311, n° 876; Ortolan, loc. cit., IV. édit., t. I, p. 469, p. 451/52. Darlegungen bei der Erklärung des Begriffs »attentat«.

116) Dufrèche, De la tentative, p. 29.

117) Sirey, loc. cit., 1875, 1, 385. Urteil des Kass.- Hofs vom 17. Dez. 1874.

118) Faustin Hélie, loc. cit., 6e édit., t. I, p. 406.

119) In demselben Sinn Urteil vom 23. Sept. 1825 (Berufungsinstanz); und Urteil vom 4. Okt. 1827 (Revisionsinstanz); Sirey, loc. cit., 1826, 1. 232; 1828, 1, 120.

120) Vgl. Dufrèche, loc. cit., p. 34/35.

die vom Willen des Handelnden unabhängig waren. Dadurch hat der Code von 1810 das delictum perfectum als eine besondere Art des Versuchs im Versuchstatbestand selbst aufgefaßt [121]). Damit ist die Rechtswissenschaft keineswegs zufrieden [122]). Auch macht die Bestimmung der Umstände, die vom Willen des Täters unabhängig sind, Schwierigkeiten. In der Praxis weiß die Jury nicht recht, was sie damit anfangen soll [123]). Ein Versuch mit untauglichen Mitteln wird abgelehnt, man stützt sich dabei auf den Wortlaut des Gesetzes. So sagt Rossi: [124])

»Puisque la tentative est un commencement d'exécution, il ne saurait y avoir tentative, lorsqu'on se propose de faire l'impossible ou lorsqu'on se propose le possible par des moyens absolument impossibles hors de proportion avec le but.«

»On ne peut commencer que ce qui est possible: car l'idée commencement suppose la possibilité d'atteindre le but par l'application plus ou moins prolongée du moyen.«

Die Regelung des Versuchs im Code pénal von 1810 bedeutet einen großen Fortschritt gegenüber dem Code von 1791. Der Versuch wird jetzt allgemein bestraft, man ist von den Prinzipien, die 1791 herrschten, abgekommen. Im großen und ganzen entspricht der Tatbestand, so wie er aufgestellt ist, auch den Anforderungen der Rechtssicherheit, wenn auch zugegeben werden muß, daß im Interesse der Klarheit eine viel präzisere Ausdrucksweise notwendig gewesen wäre.

Die Sachlage ist ähnlich wie in Deutschland; auch hier herrscht theoretisch viel Streit über die genaue Abgrenzung der einzelnen Versuchselemente. Die oberste Rechtsprechung hat aber hier klare Wege eingeschlagen und so das Problem der Rechtssicherheit außerhalb des Gesetzes gelöst.

Eigentumsdelikte und andere Tatbestände.

Der Vergleich mit derselben Regelung der Materie im Code von 1791 ist interessant.

Wir beginnen wiederum mit dem Diebstahl. Im Gegensatz zu 1791 wird er definiert:

»Quiconque a soustrait franduleusement une chose qui ne lui appartient pas, est coupable de vol.«

---

[121]) Vgl. dazu: die Sitzung des Staatsrats v. 29. Dez. 1809; Locré, loc. cit., t. 30, p. 347.

[122]) Vgl. Garçon, loc. cit., zu Art. 2.

[123]) Dufrèche, loc. cit., p. 49/50.

[124]) Rossi, Traité de droit pénal, t. II, p. 310.

Es werden in den folgenden Artikeln, genau wie im (Art. 57 a) Code von 1791 die einzelnen Fälle des Diebstahls angegeben. Aber im Gegensatz zu ihm sehen wir überall das Bemühen, da, wo der Gesetzgeber mit Begriffen arbeiten muß, diese Begriffe zu definieren. So sagt der Gesetzgeber im Art. 390 genau, was er unter einem bewohnten Haus verstanden haben will:

> »Est réputé maison habitée, tout bâtiment, logement, loge, cabane même mobile etc....«

Art. 391 sagt, was als ein Park oder eingeschlossener Raum anzusehen ist:

> »Est réputé parc ou enclos, tout terrain environné de fosses, de pieux, de claies, de planches, de haies vives ou sèches, ou de murs, etc....«

In Art. 392 wird der »Einbruch« definiert. Man versteht darunter jedes gewaltsame Aufbrechen, Erbrechen, Beschädigen usw. Allerdings wird hier ein Begriff durch andere definiert, aber doch Begriffe, die im Begriff ihre Definitionen allgemein verständlich tragen.

Die Einbrüche werden eingeteilt in äußere und innere; beide werden in den Artikeln 395 und 396 definiert.

Art. 397 erklärt, was das Gesetz unter Einsteigen verstanden haben will, und in Art. 398 finden wir zum Schluß eine genaue Definition des Begriffs »falsche Schlüssel«.

Haken, Dietriche, Hauptschlüssel, nachgemachte, veränderte Schlüssel oder solche, die der Eigentümer, Mieter, Gast oder Herbergswirt nicht für die Schlösser, Vorhängeschlösser oder Verschließungen bestimmt hatte, wozu der Schuldige sie brauchte, werden darunter verstanden.

In den Art. 402 ff. behandelt der Code die Bankerottdelikte. Er nimmt hierbei auf die Art. 440 ff. des Handelsgesetzbuches Bezug, wo die einzelnen Handlungen, die den Bankerott darstellen, genau definiert sind.

Wo der Code von 1791 klare Begriffe gebracht hat, werden sie beibehalten. So werden die Bestimmungen über die Brandstiftungs- und Sprengstoffdelikte fast ungeändert übernommen.

Die Verfälschung, die der Code von 1791 unter den Eigentumsdelikten behandelt — wobei er sehr summarisch mit dem Begriff des »faux« verfährt, hat der Gesetzgeber von 1810 unter einem eigenen Abschnitt: »Verbrechen und Vergehen gegen die öffentliche Ruhe, 1. von der Verfälschung« in Art. 132—165 geregelt. Hier bemüht er sich, klare Tatbestände zu bringen, die stark ins Einzelne gehen. Den Begriff des Verfälschtseins definiert er nicht, er glaubt anscheinend, man könne ihn aus sich selbst heraus verstehen.

In die Reihe der allgemeinen Definitionen gehört in demselben Kapitel, 2. Abschnitt, der von der Pflichtverletzung der öffentlichen Beamten handelt, die genaue Definition des Begriffs »Pflichtverletzung«. Ebenso geht der Gesetzgeber bei der Behandlung von Erpressungen vor, die von öffentlichen Beamten verübt werden. Hier werden im einzelnen ganz klar all die Tatbestände aufgezählt, die diesen Begriff ausmachen. Man vergleiche auch die Tatbestände, die die Bestechung bei öffentlichen Beamten behandeln, Art. 177 ff.

Im Art. 269 spricht der Code vom Landstreichen und sieht es als ein Verbrechen an. Im Art. 270 wird genau festgelegt, wer als Landstreicher anzusehen ist.

Auch bei den Verbrechen und Vergehen gegen die Personen kommt das Prinzip der Rechtssicherheit klar zur Anwendung. Wenn der Gesetzgeber im Art. 296 davon spricht, daß »tout meurtre commis avec préméditation (Vorbedacht) ou de guetapens (Auflauern)« als »assassinat« anzusehen ist, so definiert er in den Art. 297 und 298 diese Begriffe. Zwar bestehen zwischen der Rechtsprechung und der Rechtswissenschaft wie auch innerhalb der Rechtswissenschaft trotz dieser Definierung kontraverse Auffassungen über die »préméditation« [125]), aber es ist doch anzuerkennen, daß der Gesetzgeber überhaupt sich bemüht, Definitionen zu geben und seine Auffassung darin klarzulegen.

In derselben Art und Weise geht der Code bei den übrigen Begriffen vor. So erklärt er im Art. 299 den Vatermord.

In Art. 300 erläutert er den Begriff des Kindsmords, in Art. 301 die Vergiftung.

In allen diesen Tatbeständen sehen wir den großen Schritt gegenüber dem Code von 1791, der viel Begriffe bringt und nur selten sich die Mühe gibt, sie zu umschreiben und zu erklären.

Schlußbetrachtung über die Stellung des Richters in der Abgrenzung der Tatbestände im Code pénal von 1810.

Der Code pénal von 1810 bedeutet gegenüber dem Code von 1791 hinsichtlich der Stellung des Richters in der Abgrenzung des erlaubten vom verbotenen Tun einen großen Fortschritt.

Die Einzeltatbestände wie Versuch, Teilnahme bieten zwar, wenn man sie genau betrachtet, noch viel Rechtsunsicherheit. Wir haben dies bei den einzelnen Delikten dadurch gezeigt, daß wir auf die Literatur eingingen.

Auf der anderen Seite aber geht durch den Code von 1810 das

---

[125]) Vgl. Legrand, De la Préméditation, p. 144 ff.

Bestreben zu klären, soweit es irgend möglich ist. Die Begriffe, mit denen der Code von 1791 so stark arbeitete, verschwinden und an ihre Stelle treten Definitionen.

Freilich hat der Code von 1810 nicht völlige Rechtssicherheit zu schaffen vermocht. Der Gebrauch von gefährlichen Blankettformeln, neben Unklarheiten im Ausdruck und Lücken des Gesetzes, macht sich auch hier oft noch stark bemerkbar. Er ist aber bewußt daran gegangen, die Begriffe in ihrer Abstraktheit zu vermeiden und sie in konkrete Tatsachen aufzulösen.

Das äußerlich treibende Moment waren dabei die Richter. Wir haben das Eigentümliche der Entwicklung dargelegt. Die Praxis hatte sie darauf hingedrängt — ein mit Begriffen arbeitendes Gesetzbuch, das wohl für gelehrte Richter verständlich ist, taugte nicht für die Jury. Die Widersprüche und Fehldefinitionen, die sich bei der Interpretierung der Begriffe durch die Jury ergaben, ließen die Richter gebieterisch die Forderung nach Definitionen erheben. Man erkannte, daß es nicht allein damit getan ist, Tatbestände aufzustellen, und zum erstenmal lenkte man seine Aufmerksamkeit auch auf die Bildung der Tatbestände, die bisher so sehr vernachlässigt worden war. Wenn das Obergericht Du Puy-de-Dome [126]) hinsichtlich des Mangels an Definitionen mit der Spitze gegen die Jury in seinem Gutachten sagt:

»que de dangers pour l'innocence!«,

so wird dieser Gedanke auch später überall da, wo dem rechtsgelehrten Richter ein Arbeiten mit Begriffen, die ihm ein großes Ermessen einräumen, gestattet sein sollte, in gleicher Weise auftauchen.

Der Code pénal von 1810 tut gegenüber dem von 1791 in der Abgrenzung des erlaubten vom verbotenen Tun den zweiten großen Schritt: er wird sich bewußt, daß Tatbestände, die mit Begriffen arbeiten und Tatbestände, bei denen die Begriffe aufgelöst sind, etwas gänzlich voneinander Verschiedenes sind und schränkt in diesem Bewußtsein durch Aufstellung von Tatbeständen, bei denen er Begriffe möglichst zu vermeiden sucht, die Freiheit der auslegenden Gewalt ein.

Gelöst ist das Problem der Rechtssicherheit in der Abgrenzung der Tatbestände auch im Code von 1810 noch nicht, aber man ist sich der Mittel und Wege, die zu einer Lösung führen, bewußt geworden. Wiederum ist, ebenso wie bei der Entwicklung der Stellung des Richters im Ausmaß und in der Auswahl der Rechtsfolgen, in der französischen Revolutionszeit auch bei der Stellung in der Abgrenzung des erlaubten vom verbotenen Tun für die Entwicklung die wirkende Kraft die Jury.

[126]) Vgl. S. 116.

Auswirkungen.

Mit mächtigen Akkorden setzte der Kampf um die Rechtssicherheit gegen die Machtstellung des Strafrichters im Frankreich ein. Die große Revolution war sein bester Förderer. Napoleon läßt Frankreichs beste Köpfe sich mit der Weiterentwicklung dessen, was die Revolution schuf und worauf die Entwicklung hindrängte, beschäftigen und die Resultate ziehen. So wurden in etwa 20 Jahre durch zwei mächtige Kräfte der Kampf um die Stellung des Strafrichters in Frankreich zusammengedrängt und maßgebende Lösungen gefunden. Was sich später noch vollzieht, ist lediglich die Auswirkung dessen, was schon vorgezeichnet ist.

Die in Frankreich neugeschaffenen Formen beginnen sich auszuwirken. Stark klopft die Jury, das unruhige, alles umgestaltende Element, in den nächsten Jahren über das Rheinland an Deutschlands Tore [1]). Mit ihr beginnt in Deutschland das Ringen um die Machtstellung des Richters.

Bevor aber die Jury vom Rheinland aus selbst nach Deutschland vordringen konnte, hatte sie hier zunächst noch einen heftigen Abwehrkampf zu führen gegen die Bestrebungen Preußens, sie abzuschaffen und das in Preußen geltende System einzuführen. In einem jahrzehntelangen hartnäckigen Ringen siegte indessen das rheinische Bürgertum, das in der von Frankreich überkommenen Jury das liberale Element, das Institut der Freiheit, sah, gegen die altpreußische Reaktion [2]). Niemals vermochte es Preußen, dem Rheinland die Jury zu nehmen. Vollkommene Klarheit in diese hochinteressanten Fragen hat erst vor noch nicht langer Zeit Landsberg mit seinen Publikationen gebracht. Auf all die Phasen dieses Kampfes kann hier nicht eingegangen werden [3]).

---

[1]) Vgl. Landsberg, in den Publikationen der Gesellschaft für rheinische Geschichtskunde, Bd. 31, S. I—CXXX. Schwinge, loc. cit., S. 19 ff.

[2]) Vgl. dazu: Landsberg, loc. cit., Bd. 31; Adolf Stölzel, Brandenburg-Preußens Rechtsverwaltung und Rechtsverfassung, Bd. II, S. 441 ff., 491 ff. Schwinge, loc. cit., S. 19 ff.

[3]) Vgl. Schwinge, loc. cit., S. 19 ff.

In dem Augenblick aber, in dem das Rheinland den Kampf gewonnen hatte, ging es mit seinen Gerichtsformen selbst zum Angriff über. Das Resultat war die Einführung der französischen Formen des Schwurgerichts in Deutschland.

Das Bedeutsame an diesem Kampfe um die Schwurgerichte ist für uns, daß, gleichzeitig mit den Wünschen auf Einführung der Jury, die Forderung nach einer Umgestaltung der Strafgesetzbücher erhoben wird. Man verlangt Definitionen, klare Tatbestände, die von den Männern aus dem Volk verstanden werden.

In Frankreich hatte man durch die Erfahrung gesehen, daß ein Gesetzbuch, das mit abstrakten Begriffen arbeitet, nicht für Geschworene taugt. Der Code pénal von 1810 mit seinen Definitionen war aus dieser Erfahrung entstanden. Die notwendige Folge eines solchen Gesetzbuches war die Einschränkung der Macht des Richters in der Abgrenzung des erlaubten vom verbotenen Tun. Den deutschen Juryanhängern galt der Code pénal von 1810 mit seinen klaren Tatbeständen als das Muster eines Gesetzbuches, das für Geschworene paßt, und es war für sie selbstverständlich, daß man die Erfahrungen Frankreichs benutzen und mit den Geschworenen seine Gesetzbücher auf sie einstellen müsse. So entbrennt neben dem Kampf um die Schwurgerichte durch die damit verbundene Forderung nach einer Umgestaltung der Strafgesetzbücher gleichzeitig ein Kampf um die Stellung des Richters, wenigstens, was die eine Seite der richterlichen Machtstellung anbetrifft. Er fällt sehr günstig gerade in die Zeit, in der man in Preußen an die Schaffung eines neuen Strafgesetzbuches ging.

Empfunden wird der Kampf um die Rechtssicherheit nicht als solcher, weil die Forderung nach einer Umgestaltung der Strafgesetzbücher als notwendige Folge der Geschworenengerichte gilt, und man sich dabei nicht bewußt wird, was man mit diesen Forderungen für die Rechtssicherheit tut.

Auf die Einzelheiten dieses Kampfes können wir hier nicht eingehen, sondern werden uns darauf beschränken, Hauptpunkte herauszunehmen und die großen Linien zu zeichnen. Vornehmlich ist es das Rheinland, das fest an seinem Gesetzbuch hält, immer wieder darauf hinweist und verlangt, daß das neue Gesetzbuch in seiner Formulierung auf Geschworenengerichte zugeschnitten sein müsse. Als im Jahre 1843 den rheinischen Provinzialständen der Entwurf eines neuen Strafgesetzbuches vorgelegt wurde, lehnten sie ihn einstimmig mit folgenden Worten ab:

»Daß Ew. Majestät in Gnaden geruhen wollen, die Einführung des mitgeteilten Entwurfs in der Rheinprovinz nicht zu befehlen, dagegen Allergnädigst zu verordnen, daß unter Zugrundelegung der Rheinischen Gesetzgebung und der betreffenden Berathungs-Protokolle des siebenten Rheinischen Landtages ein neuer Entwurf des Strafgesetzbuches ausgearbeitet, solcher den Rheinischen Gerichten zur Begutachtung, der Presse zur Veröffentlichung und sodann einem künftigen Landtage zur Prüfung vorgelegt werde.« [4])

Neben der Furcht vor einer Einschränkung der Kompetenz der Schwurgerichte durch diesen Entwurf, spielt die Ansicht, daß der Entwurf in seiner Fassung überhaupt für Schwurgerichte ungeeignet sei, die ausschlaggebende Rolle.

Außer von dem Rheinland wird die Forderung nach einem klaren allgemein verständlichen Strafgesetzbuch von den übrigen Anhängern des Schwurgerichts immer wieder erhoben.

»In der Tat könnte unseren doktrinären Gesetzbüchern nichts Heilsameres widerfahren, als in die Feuerprobe der öffentlichen Verhandlung vor Geschworenen genommen zu werden. Wieviel Schlacke würde da herausgeschmolzen werden«,

sagt Köstlin [5]), und Geib [6]) weist im Jahre 1848 noch einmal darauf hin, wie wichtig es sei, das Strafgesetz so umzugestalten, daß es für Geschworene verständlich sei. In langen Aufsätzen verbreitet sich Mittermaier [7]) über die Notwendigkeit der Umgestaltung der alten Strafgesetzbücher [8]).

Im Jahre 1848 wird der vereinigte ständische Ausschuß zur endgültigen Beratung über das neue Strafgesetzbuch zusammenberufen. Wiederum stößt das Rheinland vor und macht sich in dem Ausschuß zum Sprecher für das, was zuerst von ihm und dann nach und nach von allen Juryanhängern gefordert wurde. Gleich zu Beginn der Verhandlungen wird von dem Abgeordneten Camphausen, einem der ersten Vertreter der Rheinprovinz, verlangt, daß die Versammlung sich darüber klar werden solle, ob sich das Gesetzbuch in seiner Sprache an das Volk oder an den Richter wenden solle [9]).

»Es gibt viele Vergehen, die nur deshalb strafbar sind, weil

---

4) Verhandlungen des 7. Rheinischen Provinziallandtags, Coblenz 1843, S. 21.

5) Köstlin, C. R., Die Zukunft des Strafverfahrens in Deutschland. Deutsche Vierteljahrsschrift, 1846, S. 338/339.

6) Geib, G., Die Reform des deutschen Rechtslebens, Leipzig 1848, S. 134, 145 ff.

7) Mittermaier, Archiv des Kriminalrechts, Jahrgang 1850 S. 105 ff.

8) Vgl. dazu auch: Siebenpfeiffer, S. 218; Hudtwalker S. 72; Zentner S. 368; Rudhart S. 52.

9) Bleich, Nr. 18, Bd. 1, S. 23.

das Gesetzbuch sie strafbar erklärt... Der Bürger muß Belehrung im Gesetze suchen und, daß das Strafgesetzbuch diese Belehrung gebe, ist seine wichtigste Aufgabe...« [10]).

Er will unbedingt eine Klärung darüber herbeiführen:

»Ich wünsche und halte es für notwendig, daß die Versammlung sich förmlich und jetzt erkläre.«

Und er erzwingt auch die Entscheidung. Nachdem der Abgeordnete Graf von Schwerin erklärt hat (S. 29), daß es sicher auch die Ansicht der Regierung sei, daß das

»Gesetz als für das Volk bestimmt, dem es als Norm dienen soll, in einer faßlichen Sprache und allgemein verständlichen Art abgefaßt werden soll«,

erklärt der Landtagskommissar, daß die Gesetze sowohl für das Volk als auch für den Richter bestimmt sind (S. 30). Da man allgemein der Ansicht ist, daß die Gesetze in einer dem Volke angepaßten Sprache gefaßt sein müßten, wird von einer Abstimmung über diesen Punkt abgesehen. Während der Beratungen über die einzelnen Paragraphen des künftigen Strafgesetzbuches bleiben die Vertreter des Rheinlandes auch weiterhin die Wahrer der Rechtssicherheit. Welch ungeheuren Einfluß die Forderungen der Schwurgerichtsanhänger, verkörpert durch die Vertreter des Rheinlandes, in den Beratungen auf die Bildung der Tatbestände und damit auf die Stellung des Richters ausgeübt haben, zeigen uns am besten die Worte des Justizministers Savigny [11]) am Schluß der Beratungen:

»Dagegen ist sehr häufig seitens der Vertreter des rheinischen Rechts und der rheinischen Gerichts-Verfassung das Bedenken erhoben worden, daß das Strafrecht, so wie es fortschreitend bearbeitet wurde, in manchen seiner Teile nicht gut anwendbar sein möchte bei den rheinischen Geschworenen-Gerichten, indem manche Bestimmungen so beschaffen seien, daß ohne irgend eine Änderung oder Vermittelung der Geschworenen keine angemessenen Fragen vorgelegt werden könnten. Diese Behauptung ist nun von Anfang an sehr ernsthaft berücksichtigt worden und ich kann sagen, unter den vielen Schwierigkeiten, die sich in der Arbeit gezeigt haben, ist gerade diese vielleicht die größte gewesen ... Mit gerechter Rücksicht auf die wahren Bedürfnisse und Wünsche der Rheinprovinz hat man daher mit allem Ernste gesucht, diese Schwierigkeit zu besiegen ... Ob es gelungen ist, diese Schwierig-

[10]) Bleich, Nr. 18, Bd, 1, S. 24.

[11]) Bleich, loc. cit., Bd. 1, S. 772.

keit überall zu besiegen, lasse ich jetzt dahingestellt, ich sage nur, daß man darauf einen besonderen Fleiß gewendet hat ...«

Die Auswirkungen dieses Fleißes zeigen sich im Strafgesetzbuch von 1851 und gehen bis in unser heutiges.

Nur in großen Linien konnten wir zum Schluß die Auswirkungen, die der Kampf um die Stellung des Richters in der französischen Revolutionszeit auf die Stellung des Strafrichters in Deutschland hatte, andeuten. Näher darauf einzugehen, ist nur in einer Arbeit möglich, die die Stellung des Strafrichters in Deutschland behandelt. Doch zeigen uns die großen Linien, in wie enger Beziehung der Kampf um die Stellung des Richters in der französischen Revolutionszeit, bei dem das Institut der Jury eine so maßgebende Rolle spielte, durch die Einführung eben dieses Institutes über das Rheinland nach Deutschland, mit der historischen Entwicklung der Stellung des Richters in Deutschland verbunden ist. Der Kampf des revolutionären Frankreich um die Stellung des Richters mit seinem wirkenden Element, der Jury, bildet eine Vorgeschichte für die Stellung des Strafrichters in Deutschland. Er führt uns in seinen Auswirkungen mitten in unser deutsches Recht hinein.

FSC
www.fsc.org
MIX
Papier | Fördert
gute Waldnutzung
FSC® C083411

Kolibri 360 GmbH
Ferdinand-Jühlke-Straße 7
99095 Erfurt, Deutschland
produktsicherheit@kolibri360.de

FSC
www.fsc.org
MIX
Papier | Fördert
gute Waldnutzung
FSC® C083411

Kolibri 360 GmbH
Ferdinand-Jühlke-Straße 7
99095 Erfurt, Deutschland
produktsicherheit@kolibri360.de